westermann

Julika Bohnet, Katharina Grund, Stefanie Röder,
Ute Schär-Stöckmann

Prüfungstraining KOMPAKT

Zahnmedizinische Fachangestellte

1. Auflage

Bestellnummer 43665

Druck und Bindung: Westermann Druck GmbH,
Georg-Westermann-Allee 66, 38104 Braunschweig

ISBN 978-3-427-**43665**-2

Vorwort

Prüfungstraining - kompakt!

Sie stehen vor Ihrer Abschlussprüfung zur Zahnmedizinischen Fachangestellten/zum Zahnmedizinischen Fachangestellten und wissen nicht, ob Sie fit für die Prüfung sind?

Wünschen Sie sich einen Überblick für die Prüfungsvorbereitung? Worauf kommt es an?

Gehören sie zu den Prüflingen, die Berge von Unterrichtsstoff vor sich liegen haben und nicht wissen, wo sie anfangen sollen beziehungsweise was wirklich wichtig ist?

Vielleicht erhoffen Sie sich Antworten auf Fragen, die Sie weder in der Schule noch in der Praxis stellen mögen?

Oder gehören sie zu den Prüflingen, die am Ende einfach noch einmal wissen möchten, ob sie den gesamten Prüfungsstoff beherrschen?

Egal aus welchem Grund Sie sich dieses Buch gekauft haben, für all diese Situationen ist es genau das richtige!

Mit „Prüfungstraining KOMPAKT“ haben Sie alle Themen Im Überblick, die Sie für die Abschlussprüfung zur/ zum Zahnmedizinischen Fachangestellten benötigen.

Die Aufgaben orientieren sich an den Prüfungsaufgaben der verschiedenen Bundesländer, um ein umfassendes Prüfungstraining zu gewährleisten.

Sie sehen, dieses Buch hilft Ihnen nicht nur bei der Wiederholung, sondern ermöglicht Ihnen auch eine Vertiefung des bisher Gelernten. Gehen Sie bestens vorbereitet in die Prüfung!

Viel Erfolg wünschen Ihnen

Julika Bohnet, Katharina Grund, Stefanie Röder, Ute Schär-Stöckmann

Inhaltsverzeichnis

Abkürzungsverzeichnis

BSE	Bovine spongiforme Enzephalopathie (umgangssprachlich: Rinderwahn)
HIV	human immunodeficiency virus
Tbc	Tuberkulose
PEP	Postexpositionsprophylaxe
PSA	Persönliche Schutzausrüstung
RDG	Reinigungs- und Desinfektions-Gerät
HBV	Hepatitis-B-Virus
MIH	Molaren-Inzisiven-Hypomineralisation
MAV	Mund-Antrum-Verbindung
WSR	Wurzelspitzenresektion
BtM	Betäubungsmittel
NFC	Nahfeldkommunikation (ermöglicht z.B. Bezahlen mit Handy)
eGK	elektronische Gesundheitskarte
ePA	elektronische Patientenakte
PIN	Persönliche Identifikationsnummer
eAU	elektronische Arbeitsunfähigkeitsbescheinigung
KK	Krankenkasse
KCH	Konservierende und chirurgische Leistungen
KFO	Kieferorthopädie
PA	Parodontalbehandlung
KB	Kieferbruch
ZE	Zahnersatz
B	Befund
RV	Regelversorgung

TP	Therapieplanung
RiLi	Richtlinie
Bema	Bewertungsmaßstab zahnärztlicher Leistungen
GOZ	Gebührenordnung der Zahnärzte
BEL	Bundeseinheitliches Leistungsverzeichnis (zahntechnische Leistungen)
BEB	Bundeseinheitliche Benennungsliste (zahntechnische Leistungen)
AAV	andersartige Versorgung
AGB	Allgemeine Geschäftsbedingung
BGB	Bürgerliches Gesetzbuch
ArbSchG	Jugendarbeitsschutzgesetz
WHO	Weltgesundheitsorganisation

1. Die gestreckte Abschlussprüfung (GAP)

Berufsausbildung zum Zahnmedizinischen Fachangestellten und zur Zahnmedizinischen Fachangestellten

Die Novellierung der Ausbildungsordnung hat zur Folge, dass auch die Prüfungsordnung angepasst wurde.

So besteht die Abschlussprüfung aus zwei zeitlich und inhaltlich getrennten Teilen.

Der erste Teil der gestreckten Abschlussprüfung (GAP 1) beträgt 35 % der Gesamtnote und soll im vierten Ausbildungshalbjahr stattfinden. Er besteht aus den Prüfungsbereichen „Durchführung von Hygienemaßnahmen und Aufbereitung von Medizinprodukten“ sowie „Empfangen und Aufnehmen von Patienten und Patientinnen“.

Der zweite Teil der gestreckten Abschlussprüfung (GAP 2) beträgt 65 % und findet am Ende der Ausbildung statt. Der Bereich „Assistieren bei und Dokumentieren von zahnärztlichen Maßnahmen“ wird mit 30 % im Rahmen eines auftragsbezogenen Fachgespräches und der damit verbundenen Arbeitsaufgabe geprüft. Die Prüfung der Bereiche „Organisieren der Verwaltungsprozesse und Abrechnen von Leistungen“ sowie „Wirtschafts- und Sozialkunde“ erfolgt schriftlich am Ende der Ausbildung und fließt mit 35 % in die Abschlussnote ein.

2. Gesamtüberblick

Prüfungsteil 1 (GAP 1)

Prüfungsbereich (PB)			
A	Durchführung von Hygienemaßnahmen und Aufbereiten von Medizinprodukten	60 Minuten	25 Prozent
B	Empfangen und Aufnehmen von Patienten	60 Minuten	10 Prozent

Prüfungsteil 2 (GAP 2)

Prüfungsbereich (PB)			
C	Assistieren bei und Dokumentieren von zahnärztlichen Maßnahmen	60 Minuten	30 Prozent
D	Organisieren der Verwaltungsprozesse und Abrechnen von Leistungen	120 Minuten	25 Prozent
E	Wirtschafts- und Sozialkunde	60 Minuten	10 Prozent

Laut Berufsbildungsgesetz (BBiG) soll durch die Abschlussprüfung festgestellt werden, ob Sie als Prüfling die berufliche Handlungsfähigkeit erworben haben.

Hierbei sollen Sie nachweisen, ob Sie die notwendigen beruflichen Fertigkeiten erworben haben sowie die erforderlichen beruflichen Kenntnisse und Fähigkeiten besitzen.

Den Zeitpunkt für die jeweiligen Prüfungsteile legt die jeweilige Zahnärztekammer (zuständige Stelle) fest.

3. Prüfungsteil 1 (GAP 1)

A Prüfungsbereich 1

Durchführen von Hygienemaßnahmen und Aufbereiten von Medizinprodukten

Im Prüfungsbereich „Durchführen von Hygienemaßnahmen und Aufbereiten von Medizinprodukten" sollen Sie praxisbezogene Aufgaben schriftlich innerhalb von 60 Minuten bearbeiten.

Hierbei sollen Sie nach Angaben der ZahnmedAusbV nachweisen, dass Sie imstande sind,

- aufgabenbezogene Anforderungen zu analysieren.
- Arbeitsprozesse zu strukturieren.
- Arbeitsschritte zu planen und Arbeitsmittel auszuwählen.
- Hygienemaßnahmen für diagnostische und therapeutische zahnmedizinische Maßnahmen vorzubereiten und umzusetzen sowie dabei die erforderliche Patientensicherheit zu gewährleisten.
- Verfahren zur rechtskonformen Aufbereitung von Medizinprodukten auf Grundlage von Risikobewertung und Einstufung der Medizinprodukte unter Berücksichtigung der Wirkungsweisen auszuwählen.
- die Aufbereitung von Medizinprodukten vorzubereiten, durchzuführen und nachzubereiten.
- durchgeführte Maßnahmen zu bewerten, Medizinprodukte freizugeben und zu dokumentieren.
- Vorgaben zur Qualitätssicherung, zum Umweltschutz sowie zur Sicherheit und zum Gesundheitsschutz bei der Arbeit einzuhalten.

B Prüfungsbereich 2

Empfangen und Aufnehmen von Patientinnen und Patienten

Im Prüfungsbereich „Empfangen und Aufnehmen von Patientinnen und Patienten" sollen Sie praxisbezogene Aufgaben schriftlich innerhalb von 60 Minuten bearbeiten.

Hierbei sollen Sie nach Angaben der ZahnmedAusbV nachweisen, dass Sie imstande sind,

- Anliegen von Patientinnen und Patienten zu erfassen und lösungsorientiert zu bearbeiten.
- Patientinnen und Patienten aufzunehmen, bei der Anamneseerhebung zu unterstützen und dabei rechtliche Regelungen, insbesondere zum Datenschutz und zur ärztlichen Schweigepflicht, einzuhalten.
- Maßnahmen zur Vorsorge sowie zur Durchführung und Nachsorge zahnärztlicher Behandlungen adressatengerecht zu erläutern.
- Leistungen für die Abrechnung zu erfassen und dabei rechtliche Regelungen zu berücksichtigen.
- fachliche Hintergründe aufzuzeigen und die Vorgehensweisen zu begründen.

4. Prüfungsteil 2 (GAP 2)

C Prüfungsbereich 3

Assistieren bei und Dokumentieren von zahnärztlichen Maßnahmen

Im Prüfungsbereich „Assistieren bei und Dokumentieren von zahnärztlichen Maßnahmen" sollen Sie innerhalb von 30 Minuten eine Arbeitsaufgabe durchführen und mit praxisüblichen Unterlagen dokumentieren. Dafür haben Sie zusätzlich 15 Minuten Vorbereitungszeit. Anschließend erfolgt in weiteren 30 Minuten das auftragsbezogene Fachgespräch über die Arbeitsaufgabe.

Hierbei sollen Sie nach Angaben der ZahnmedAusbV nachweisen, dass Sie imstande sind,

- Arbeitsprozesse bei Diagnostik und Therapie unter Berücksichtigung der Entstehung, des Verlaufs und der Symptomatik zahnmedizinischer Erkrankungen zu planen.
- Arbeitsmittel unter Berücksichtigung ihrer Funktion und ihres Aufbaus auszuwählen.
- Untersuchungen und Behandlungen vorzubereiten.
- mit Patientinnen und Patienten situations- und adressatengerecht zu kommunizieren.

- → bei diagnostischen und therapeutischen zahnmedizinischen Maßnahmen zu assistieren und dabei Instrumente und Geräte maßnahmenbezogen handzuhaben.
- → bildgebende Verfahren nach Anweisung unter Beachtung rechtlicher Regelungen und unter Anwendung der Kenntnisse im Strahlenschutz durchzuführen sowie zu dokumentieren.
- → Behandlungen nachzubereiten, zu reflektieren, zu bewerten und entsprechend den rechtlichen Regelungen sowie den betrieblichen Vorgaben zu dokumentieren.
- → Anwendungen von Arzneimitteln und Materialien aufzuzeigen und zu begründen.
- → Maßnahmen zur Qualitätssicherung, zur Patientensicherheit und zum Datenschutz zu berücksichtigen.
- → fachliche Hintergründe aufzuzeigen und die Vorgehensweise zu begründen.

D Prüfungsbereich 4

Organisieren der Verwaltungsprozesse und Abrechnen von Leistungen

Im Prüfungsbereich „Organisieren der Verwaltungsprozesse und Abrechnen von Leistungen“ sollen Sie praxisbezogene Aufgaben schriftlich innerhalb von 120 Minuten bearbeiten.

Hierbei sollen Sie nach Angaben der ZahnmedAusbV nachweisen, dass Sie imstande sind,

- → betriebliche Arbeitsprozesse unter Berücksichtigung qualitätssichernder Maßnahmen zu organisieren und zu verbessern und dabei rechtliche Regelungen und betriebliche Vorgaben einzuhalten.
- → Daten von Patientinnen und Patienten im Rahmen der Dokumentation und Leistungsabrechnung zu erfassen und zu verwalten.
- → erbrachte und erfasste Leistungen der zahnärztlichen Behandlung auf Grundlage der Behandlungsdokumentation auf Abrechenbarkeit zu überprüfen.
- → Kostenpläne für zahnärztliche Behandlungen auf Grundlage von Therapieplänen und Gebührenordnungen unter Berücksichtigung von Zuschüssen durch die Versicherungsträger zu erstellen, die Zusammensetzung zu beschreiben und nach Abschluss abzurechnen.

- die Kostenerstattungen adressatengerecht aufzuzeigen.
- patientenbezogene Rechnungen zu erstellen und behandlungsbezogene Rechnungen zu prüfen.
- Zahlungsvorgänge unter Berücksichtigung des betrieblichen Mahnwesens zu überwachen.
- die Plausibilitätsprüfung bei wiederkehrenden Abrechnungen vor der Weiterleitung an die zuständigen zahnärztlichen Organisationen durchzuführen.

E Prüfungsbereich 5

Wirtschafts- und Sozialkunde

Im Prüfungsbereich „Wirtschafts- und Sozialkunde" sollen Sie praxisbezogene Aufgaben schriftlich innerhalb von 60 Minuten bearbeiten.

Hierbei sollen Sie nach Angaben der ZahnmedAusbV nachweisen, dass Sie imstande sind, allgemeine wirtschaftliche und gesellschaftliche Zusammenhänge der Berufs- und Arbeitswelt darzustellen und zu beurteilen.

5. Anforderungen für das Bestehen der Abschlussprüfung

Die Abschlussprüfung ist bestanden, wenn die Prüfungsleistungen, auch unter Berücksichtigung einer möglichen Ergänzungsprüfung, folgendermaßen bewertet worden sind:

- im Gesamtergebnis von Teil 1 und Teil 2 mit mindestens „ausreichend"
- im Ergebnis von Teil 2 mit mindestens „ausreichend"
- in mindestens zwei Prüfungsbereichen von Teil 2 mit mindestens „ausreichend"
- in keinem Prüfungsbereich von Teil 2 mit „ungenügend"

Viel Erfolg!

A

PRÜFUNGSBEREICH 1: HYGIENEMßNAHMEN UND AUFBEREITEN VON MEDIZINPRODUKTEN

1. Hygiene

1.1 Mikrobiologie

Aufgabe 1

Erklären Sie, was unter dem Begriff „Hygiene“ zu verstehen ist.

Aufgabe 2

Ordnen Sie folgende Fachbegriffe den einzelnen Beschreibungen richtig zu:

(1) Gesundheit
(2) Infektion
(3) Immunität
(4) Symbiose
(5) Inkubationszeit

Beschreibungen:

a) Zeitspanne zwischen Infektion mit Krankheitserregern und Ausbruch einer Krankheit ☐

b) Zustand vollständigen geistigen, körperlichen und sozialen Wohlbefindens ☐

c) Eindringen und Vermehren von Krankheitserregern im menschlichen Organismus ☐

d) Widerstandsfähigkeit des Organismus gegenüber krankmachenden Mikroorganismen ☐

e) Zusammenleben von Menschen und Mikroorganismen zum gegenseitigen Nutzen ☐

Aufgabe 3

Die Mikrobiologie ist die Lehre von den Kleinstlebewesen. Geben Sie an, mit welchen Mikroorganismen Sie in der Praxis konfrontiert werden.

Aufgabe 4

Welche Aussagen sind richtig? (zwei Angaben)

Bakterien ...

(1) sind einzellige Mikroorganismen.
(2) sind auf Wirtszellen zur Vermehrung angewiesen.
(3) besitzen einen Zellkern.
(4) sind kleiner als Viren.
(5) können Sporen bilden.

Aufgabe 5

Erklären Sie den Begriff „Prionen". Nennen Sie ein Krankheitsbild.

Aufgabe 6

Prüfen Sie die Aussagen. Tragen Sie ein (r) für „richtig" und ein (f) für „falsch" ein.

(1) Viren lassen sich durch Anfärben der Zellwand in „grampositive" und „gramnegative" unterscheiden.	☐
(2) Pilze sind größer als Viren und besitzen einen Zellkern.	☐
(3) Bakterien vermehren sich durch Zellteilung.	☐
(4) Aerobe Bakterien benötigen Sauerstoff zum Leben.	☐
(5) Pilzerkrankungen nennt man Mythen.	☐

Aufgabe 7

Benennen Sie die Phasen der Vermehrung von Viren in einer Wirtszelle.

Aufgabe 8

Mikroorganismen verursachen verschiedene Erkrankungen. Entscheiden Sie, welche der Krankheiten durch

(1) Bakterien
(2) Viren
(3) Pilze oder
(4) Protozoen

verursacht werden.

Krankheiten:

Tuberkulose	
Masern	
Soor	
Malaria	
Röteln	
AIDS	
Toxoplasmose	
Tetanus	
Karies	
Mumps	
Herpes simplex	

Aufgabe 9

Welche Aussage ist korrekt?

(1) Apathogene Mikroorganismen können krank machen.
(2) Bakterien könne Resistenzen, z. B. gegen Antibiotika, bilden.
(3) Bakterien besitzen keinen eigenen Stoffwechsel.
(4) Viren vermehren sich durch Zellteilung.
(5) Staphylokokken sind eine besondere Form von Pilzen.

Aufgabe 10

Nennen Sie die Unterschiede zwischen Bakterien und Viren in Bezug auf Größe, Vermehrung und Stoffwechsel.

Aufgabe 11

Erläutern Sie den Begriff „Parasit“.

Aufgabe 12

Sortieren Sie folgende Mikroorganismen der Größe nach. Beginnen Sie mit dem kleinsten.

(1) Bakterie ☐

(2) Viren ☐

(3) Pilze ☐

(4) Protozoen ☐

Aufgabe 13

Was versteht man unter dem Begriff „Symbiose“?

Aufgabe 14

Welche Aussage zu den Bakterienformen ist falsch?

(1) Streptokokken sind kugelförmig.
(2) Staphylokokken sind stäbchenförmig.
(3) Meningokokken sind kugelförmig.
(4) Treponemen sind spiralförmig.
(5) Tuberkelbakterien sind stäbchenförmig.

Aufgabe 15

Was versteht man unter einer Asepsis?

Aufgabe 16

Womit werden bakterielle Infektionskrankheiten behandelt?

Aufgabe 17

Welche Aussage über Bakterien ist richtig? Tragen Sie ein (r) für „richtig“ und ein (f) für „falsch“ ein.

(1) Aerobe Bakterien brauchen keinen Sauerstoff zum Leben. ☐

(2) Bakterien sind im Lichtmikroskop sichtbar. ☐

(3) Bakterien besitzen einen Zellkern. ☐

(4) Die Vermehrung von Bakterien erfolgt durch Zellteilung. ☐

(5) Dauerformen nennt man Sporen. ☐

Aufgabe 18

Einige Bakterien sind in der Lage, Giftstoffe zu bilden. Man unterscheidet zwischen Endotoxinen und Exotoxinen. Worin unterscheiden sich diese?

Aufgabe 19

Bakterien können hinsichtlich ihrer Form unterschieden werden. Nennen Sie die drei Hauptformen.

Aufgabe 20

Welche Aussage zu den Viren ist korrekt? Tragen Sie ein (r) für „richtig“ und ein (f) für „falsch“ ein.

(1) Viren sind unter einem Elektronenmikroskop sichtbar. ☐

(2) Viren besitzen einen eigenen Stoffwechsel. ☐

(3) Viren sind wirtsspezifisch. ☐

(4) Viren sind größer als Bakterien. ☐

(5) Viren besitzen einen Zellkern. ☐

Aufgabe 21

Was sind Virostatika?

Aufgabe 22

Ordnen Sie die angegebenen Erreger (1) bis (5) den entsprechenden Krankheiten zu:

(1) Bakterien
(2) Pilze
(3) Prionen
(4) Protozoen
(5) Viren

Krankheiten:

a) BSE ☐

b) Hepatitis ☐

c) Soor ☐

d) Tetanus ☐

e) Toxoplasmose ☐

Aufgabe 23

Worin unterscheiden sich Bakteriensporen von Pilzsporen?

Aufgabe 24

Welche Krankheiten werden durch Viren hervorgerufen? (zwei Angaben)

(1) Malaria
(2) Scharlach
(3) Masern
(4) Hepatitis
(5) Diphterie

Aufgabe 25

Wie nennt man pathogene Pilzerkrankungen?

Aufgabe 26

Womit werden pathogene Pilzerkrankungen behandelt?

Aufgabe 27

Warum kommt es häufiger bei Patientinnen und Patienten mit einem geschwächten Immunsystem zu einer Infektion der Mundhöhle durch Soor?

Aufgabe 28

Was sind Protozoen?

Aufgabe 29

Welche beiden Aussagen zu den Protozoen sind korrekt?

(1) besitzen einen Zellkern
(2) sind kleiner als Viren
(3) besitzen keinen Zellkern
(4) Malaria wird nicht durch Protozoen hervorgerufen
(5) lassen sich u.a. mit Antibiotika behandeln

Aufgabe 30

Welche Folgen hat eine Prioneninfektion beim Menschen?

Aufgabe 31

Was versteht man unter dem Begriff „apathogen“?

Aufgabe 32

Nennen Sie drei pathogene Mikroorganismen.

1.2 Infektionen

Aufgabe 33

Erklären Sie den Zusammenhang zwischen einer Infektion und Symptomen.

Aufgabe 34

Welche Faktoren sind maßgeblich entscheidend dafür, dass aus einer Infektion eine Infektionskrankheit entsteht?

Aufgabe 35

Orden Sie die Begriffe (1) bis (4) den aufgeführten Infektionswegen zu:

(1) perkutane Infektion
(2) Tröpfcheninfektion
(3) Kontakt-/Schmierinfektion
(4) Wasser-/Nahrungsmittelinfektion

Infektionswege:

a) Verzehr verunreinigter Lebensmittel	☐
b) Übertragung von Erregern durch die Haut	☐
c) Einatmen von Aerosolen	☐
d) Verschmieren von erregerhaltigem Material	☐

Aufgabe 36

Bei einer Impfung kann die Immunität auf verschiedenen Wegen erzielt werden. Nennen Sie die drei Schutzimpfungen und geben Sie jeweils ein Beispiel dafür an.

Aufgabe 37

Was versteht man unter dem Begriff „Postexpositionsprophylaxe" (PEP)? Nennen Sie mögliche Erstmaßnahmen.

Aufgabe 38

Welcher Ablauf einer Infektionskrankheit ist korrekt? (eine Angabe)

(1) Infektion – Prodromalstadium – Inkubationszeit – Infektionskrankheit – Rekonvaleszenz
(2) Inkubationszeit – Infektion – Prodromalstadium – Infektionskrankheit – Rekonvaleszenz
(3) Infektionskrankheit – Rekonvaleszenz – Infektion – Prodromalstadium – Inkubationszeit
(4) Prodromalstadium – Inkubationszeit – Infektion – Infektionskrankheit – Rekonvaleszenz
(5) Infektion – Inkubationszeit – Prodromalstadium – Infektionskrankheit – Rekonvaleszenz

Aufgabe 39

Wie können Sie sich vor einer Viruserkrankung in der Praxis schützen? (zwei Angaben)

Aufgabe 40

Welche Aussage ist nicht korrekt? (eine Angabe)

(1) Eine Impfung gegen Hepatitis A ist möglich.
(2) Eine Impfung gegen Hepatitis B ist möglich.
(3) Eine Impfung gegen Hepatitis C ist möglich.
(4) Eine Impfung gegen Tetanus ist möglich.
(5) Eine Impfung gegen Tuberkulose ist möglich.

Aufgabe 41

Was versteht man unter einer Infektion?

Aufgabe 42

Übertragungsarten: Welche Aussagen sind korrekt? (zwei Angaben)

(1) Eine perkutane Infektion erfolgt durch Aerosole:
(2) Windpocken können durch Tröpfcheninfektionen übertragen werden.
(3) Hepatitis A wird durch Tröpfcheninfektionen übertragen.
(4) Hepatitis B und C können durch Kontaktinfektionen übertragen werden.
(5) Borreliose wird durch verunreinigte Lebensmittel übertragen.

Aufgabe 43

Erklären Sie den Unterschied zwischen der Pathogenität und der Virulenz.

Aufgabe 44

Was versteht man unter dem Begriff „Kontamination"?

Aufgabe 45

Mit welchen gesundheitlichen Folgen muss man bei einer chronischen Hepatitis rechnen?

Aufgabe 46

Nach dem Infektionsschutzgesetz unterliegen einige Infektionskrankheiten der Meldepflicht. Welche Aussagen sind richtig? Tragen Sie ein (r) für „richtig" und ein (f) für „falsch" ein.

(1) Die Meldung bei einem Nachweis des HI-Virus erfolgt namentlich. ☐

(2) Meldungen müssen nach § 6 Infektionsschutzgesetz (IfSG) erfolgen bei Verdacht, Erkrankung und Tod des Patienten. ☐

(3) Masern sind eine meldepflichtige Infektionskrankheit. ☐

(4) Virazella-Zoster-Viren müssen nicht gemeldet werden. ☐

(5) Die Meldung erfolgt an das zuständige Gesundheitsamt. ☐

Aufgabe 47

Was versteht man unter dem Begriff „Rekonvaleszenz"?

Aufgabe 48

Wir unterscheiden bei den Infektionskrankheiten zwischen einer akuten und einer chronischen Infektionskrankheit. Erklären Sie den Unterschied.

Aufgabe 49

Was versteht man unter dem Begriff „Immunität“?

Aufgabe 50

Impfungen: Welche Aussagen sind falsch? (zwei Angaben)

(1) Bei der passiven Impfung besteht ein nahezu sofortiger Impfschutz.
(2) Eine passive Impfung bewirkt einen lang andauernden Schutz.
(3) Bei einer Simultanimpfung erfolgt die zeitgleiche aktive und passive Impfung.
(4) Die aktive Impfung gegen Hepatitis B schützt auch vor Infektionen mit Hepatitis D.
(5) Als Grundimmunisierung bezeichnet man den Aufbau eines kurzfristigen Impfschutzes.

Aufgabe 51

Benennen Sie den Unterschied zwischen einer aktiven und einer passiven Impfung. Erläutern Sie die Unterschiede hinsichtlich des Impfstoffes, des Wirkungseintrittes und der Wirkungsdauer.

Aufgabe 52

Was versteht man unter Tuberkulose (Tbc)?

Aufgabe 53

Erläutern Sie den Unterschied zwischen einer offenen und einer geschlossenen Tuberkulose?

Aufgabe 54

Wofür steht die Abkürzung HIV?

Aufgabe 55

Welche Aussagen sind korrekt? (vier Angaben)

(1) Bei einer Hepatitis ist die Leber vergrößert.
(2) Hepatitis A heilt in der Regel nach vier bis sechs Wochen vollkommen aus.
(3) Über die Hälfte der Hepatitis-C-Infektionen verlaufen chronisch.
(4) Hepatitisformen werden in A–G unterschieden.
(5) Die Inkubationszeit von Hepatitis B und C sind gleich.

Aufgabe 56

Gegen welche Krankheit wird häufig eine Simultanimpfung durchgeführt? (eine Angabe)

(1) Hepatitis
(2) Tuberkulose
(3) Tetanus
(4) Röteln
(5) Masern

Aufgabe 57

Erklären Sie den Unterschied zwischen Antigenen und Antikörpern.

Aufgabe 58

Inkubationszeit: Welche Aussage ist korrekt? (eine Angabe)

(1) Erholungsphase nach einer Krankheit
(2) Zeit der Ansteckung
(3) Wiederaufflackern einer Erkrankung
(4) Zeitraum zwischen Ansteckung und Ausbrauch einer Krankheit
(5) Ausbruch einer weiteren Krankheit

1.3 Desinfektion und Sterilisation

Aufgabe 59

Erklären Sie den Begriff Desinfektion.

Aufgabe 60

Ordnen Sie die Begriffe (1) bis (5) den unten aufgeführten Bereichen zu:

(1) fungizid
(2) bakteriostatisch
(3) viruzid
(4) kontaminiert
(5) aseptisch

a) Infektionsverhütung durch Entfernen oder Abtöten von Krankheitserregern ☐

b) Viren abtötend ☐

c) Verunreinigung von Instrumenten, Personen, Lebensmittel ☐

d) Pilze abtötend ☐

e) Bakterienwachstum hemmend ☐

Aufgabe 61

In der Zahnarztpraxis wird zwischen der chemischen und der physikalischen Desinfektion unterschieden. Von welchen Faktoren hängt die Wirkungsweise eines chemischen Desinfektionsmittels ab?

Aufgabe 62

Welche Aussage ist richtig? (eine Angabe)

(1) Bei der Flächenreinigung werden die Bakterien vollständig abgetötet.
(2) Bei der Desinfektion im Thermodesinfektor werden alle Keime abgetötet.
(3) Im Thermodesinfektor erfolgt die Desinfektion bei 98°C für 20 Minuten.
(4) Nach der Reinigung und Desinfektion im validierten Thermodesinfektor dürfen Instrumente der Kategorie „semikritisch A" durch fachkundiges Personal freigegeben werden.
(5) Für die hygienische Händedesinfektion reicht Wasser und Seife aus.

Aufgabe 63

Sie werden gebeten, zwei Liter einer 3%igen Desinfektionslösung herzustellen. Wie viel Wasser und wie viel Milliliter (ml) Desinfektionsmittel benötigen Sie für diese Lösung?

Aufgabe 64

Worin besteht der Unterschied zwischen der Desinfektion und der Sterilisation?

Aufgabe 65

Welche Aussagen zum Reinigungs- und Desinfektionsgerät (RDG) sind richtig? Tragen Sie ein (r) für „richtig" und ein (f) für „falsch" ein.

(1) Beim RDG werden Instrumente gereinigt und sterilisiert. ☐

(2) Das RDG benötigt eine desinfizierende Reinigungslösung. ☐

(3) Die Desinfektion erfolgt bei 60°C für fünf Minuten. ☐

(4) Bei einem validierten RDG können Instrumente der Kategorie „semikritisch A" nach erfolgreichem Durchlauf sofort an Patienten und Patientinnen angewendet werden. ☐

Aufgabe 66

Desinfektionsmittel wirken u. a. bakterizid, fungizid und viruzid: Welche Aussagen sind korrekt? (zwei Angaben)

(1) Bakteriostatisch bedeutet, dass alle Bakterien abgetötet werden.
(2) Viruzid bedeutet, dass alle Pilze abgetötet werden.
(3) Bakterizid bedeutet, dass die Bakterien in ihrem Wachstum gehemmt werden.
(4) Fungizid bedeutet, dass alle Pilze abgetötet werden.
(5) Begrenzt viruzid wirkt nur gegen behüllte Viren.

Aufgabe 67

Welche grundsätzlichen Anforderungen muss ein Desinfektionsmittel erfüllen? Nennen Sie drei.

Aufgabe 68

Die Sprühdesinfektion sollte nur noch in Ausnahmesituationen verwendet werden. Die Wischdesinfektion ist vorzuziehen. Warum?

Aufgabe 69

Wie sollte die Flächendesinfektion erfolgen?

Aufgabe 70

Welche Aussage zur Reinigung der Hände trifft zu? Tragen Sie eine (1) für „zulässig“ und eine (2) für „nicht zulässig“ ein.

a) Hände vor jeder Behandlung waschen ☐

b) Hände nach jeder Behandlung waschen ☐

c) Hände vor dem Naseputzen waschen ☐

d) Hände vor dem Essen waschen ☐

e) Hände am Arbeitsende waschen ☐

Aufgabe 71

Wodurch wird eine völlige Keimfreiheit erzielt? Welche Aussage ist korrekt? (eine Angabe)

(1) durch Ultraschallbad mit Desinfektionslösung
(2) durch Einwirkzeit des Desinfektionsmittels über Nacht
(3) durch ionisierende Strahlen
(4) durch UV-Strahlen
(5) durch eine höhere Konzentration des Desinfektionsmittels

Aufgabe 72

Was versteht man unter dem Begriff „Sterilisation“?

Aufgabe 73

Erklären Sie den Unterschied zwischen der Standardisierung und der Validierung.

Aufgabe 74

Welche Instrumentengruppen müssen sterilisiert werden?

Aufgabe 75

Bringen Sie die einzelnen Arbeitsphasen des Dampfsterilisators in die richtige Reihenfolge:

(1) Abtötungszeit ☐

(2) Steigzeit ☐

(3) Anheizzeit ☐

(4) Ausgleichszeit ☐

(5) Abkühlzeit ☐

(6) Entlüftungszeit ☐

1.4 Aufbereitung von Medizinprodukten

Aufgabe 76

Sie sind für die Aufbereitung der Medizinprodukte zuständig und räumen das Behandlungszimmer auf. Bei der Behandlung wurden nicht alle Instrumente verwendet. Welche Instrumente bereiten Sie auf? Begründen Sie.

Aufgabe 77

Um die Instrumente richtig aufzubereiten, müssen sie in Risikostufen eingeteilt werden. Um welche Risikostufen handelt es sich?

Aufgabe 78

Ordnen Sie die Begriffe den jeweiligen Risikostufen aus Aufgabe 77 zu.

(1) Kofferdam-Lochzange ____________________

(2) Abdrucklöffel ____________________

(3) Scharfer Löffel ____________________

(4) Mundspiegel ____________________

(5) Kürette ____________________

Aufgabe 79

Bei der Einstufung der Instrumente gibt es die Stufen „A“ und „B“. Welche Bedeutung haben diese Unterteilungen?

Aufgabe 80

Nennen Sie drei Beispiele für Behandlungen mit Instrumenten der Risikoeinstufung „kritisch A“ und „kritisch B“.

Aufgabe 81

Für Ihre Praxis wurden neue Instrumente gekauft. Woher wissen Sie, wie diese richtig aufbereitet werden?

(1) Info aus dem Internet
(2) Angaben vom Hersteller
(3) Ich bereite sie so wie alle anderen vorhandenen Instrumente auf.
(4) Es muss nichts Besonderes beachtet werden.

Aufgabe 82

Wie werden Einmalartikel richtig aufbereitet? Beschreiben Sie.

Aufgabe 83

Wo werden die Aufbereitungsverfahren für die jeweiligen Medizinprodukte detailliert festgelegt?

(1) Desinfektionsplan
(2) Hygieneplan
(3) Arbeitsplan
(4) Urlaubsplan

Aufgabe 84

Bei der Aufbereitung von Medizinprodukten sind die Betreibenden dafür verantwortlich, dass die Medizinprodukte nach einem validierten Verfahren aufbereitet werden. Welche Werte werden bei der Validierung gemessen? Nennen Sie drei Werte.

Aufgabe 85

Welche vorgegebenen Ziele müssen bei der Reinigung mit einem RDG erreicht werden? (zwei Angaben)

(1) Sauberkeit
(2) Anwesenheit pathogener Erreger
(3) Keimfreiheit
(4) Keimarmut

Aufgabe 86

Welche beiden Möglichkeiten der Aufbereitung von Medizinprodukten gibt es?

Aufgabe 87

Sie bereiten das Behandlungszimmer für die nächste Patientin vor und bringen die Instrumente vom Tray in den Aufbereitungsraum. Was müssen Sie beachten? (zwei Angaben)

(1) Sie tragen Handschuhe.
(2) Die Instrumente werden in der Hand getragen.
(3) Sie verwenden eine geschlossene Transportbox.
(4) Sie müssen nichts weiter beachten.

Aufgabe 88

Ihnen fehlt die Zeit, die Instrumente gleich aufzubereiten. Was machen Sie mit den Instrumenten im Aufbereitungsraum? (zwei Angaben)

(1) Sie legen sie mit dem Tray ab und versorgen sie später.
(2) Sie bitten eine Kollegin, die Instrumente zu versorgen.
(3) Sie lagern die Instrumente in einer Desinfektionswanne zwischen, bis Sie Zeit für die richtige Aufbereitung haben.

Aufgabe 89

Welche Schutzkleidung ist für die Aufbereitung von Medizinprodukten notwendig?

Aufgabe 90

Sie räumen die Instrumente in das RDG ein. Was müssen Sie beachten?

Tragen Sie eine (1) für „zulässig" und eine (2) für „nicht zulässig" ein.

a) Ich kann alle Instrumente in den RDG einräumen. ☐

b) Zerlegbare Instrumente müssen auseinandergenommen werden. ☐

c) Instrumente mit Hohlkörpern werden grundsätzlich in eine Box gelegt. ☐

d) Die Instrumente sollen sich nicht berühren, damit sie gut umspült werden können. ☐

e) Für Absaugkanülen gibt es spezielle Aufsätze zum Aufstecken. ☐

Aufgabe 91

Sie räumen die Instrumente nach dem abgeschlossenen Vorgang aus dem RDG. In welcher Hinsicht überprüfen Sie die Instrumente? Nennen Sie drei Punkte.

Aufgabe 92

Ihre Instrumente sind nun alle richtlinienkonform gereinigt. Wie gehen Sie weiter vor?

Tragen Sie eine (1) für „zulässig" und eine (2) für „nicht zulässig" ein.

a) Kritische und semikritische Instrumente werden getrennt. ☐

b) Alle Instrumente werden in den jeweiligen Behandlungszimmern eingeräumt. ☐

c) Kritische Instrumente werden ohne weitere Maßnahmen in den Sterilisator gelegt. ☐

d) Semikritische Instrumente können sofort für die Behandlung freigegeben werden. ☐

Aufgabe 93

Auf welche Besonderheit muss z. B. bei der Aufbereitung von endodontischen Wurzelkanalnadeln geachtet werden?

Aufgabe 94

Bringen Sie die Schritte der Desinfektion in die richtige Reihenfolge:

(1) Sichtkontrolle der Instrumente ☐

(2) Einräumen der Instrumente in das RDG ☐

(3) grobe Vorreinigung der Instrumente ☐

(4) Reinigung durch das RDG ☐

(5) nach Bedarf, kritische Instrumente einschweißen und anschließend Aufbereitung im Sterilisator/ Autoklav ☐

(6) Einräumen der Instrumente in den Behandlungszimmern ☐

(7) Freigabe der Instrumente durch eine Helferin ☐

Aufgabe 95

Bei der manuellen Reinigung laufen bestimmte Arbeitsschritte anders als bei der maschinellen Reinigung ab.

Bringen Sie die Schritte der manuellen Reinigung in die richtige Reihenfolge:

(1) Freigabe der Instrumente durch eine ZFA ☐

(2) Sterilisation ☐

(3) Einlegen in die Desinfektionslösung ☐

(4) Trocknung, Pflege und Prüfung ☐

(5) Zerlegen der Medizinprodukte ☐

(6) Zwischenspülung ☐

(7) Spülung unter fließendem Wasser nach der vorgegebenen Einwirkzeit ☐

Aufgabe 96

Wer darf alles die Freigabe bestätigen?

Aufgabe 97

Welche Besonderheit gibt es bei Instrumenten, die als „kritisch B“ eingestuft sind, in der manuellen Aufbereitung?

Aufgabe 98

Welche Präparate dürfen für das Desinfektionsverfahren verwendet werden?

(1) Sie müssen laut Materialverträglichkeitshinweis des Herstellers zulässig sein.
(2) Sie müssen VGR-zertifiziert sein.
(3) Sie müssen VAH-zertifiziert sein.
(4) Sie müssen HBV-/HCV-/HIV-Wirksamkeit aufweisen.
(5) Sie müssen beim RKI gelistet sein.

Aufgabe 99

Das RDG muss täglich auf eine ordnungsgemäße Reinigung hin geprüft werden. Welche Schritte gehören zur täglichen Prüfung?

Tragen Sie eine (1) für „richtig“ und eine (2) für „unwichtig“ ein.

a) Siebe und Sprüharme müssen funktionieren. ☐

b) Der Deckel des RDG muss außen sauber sein. ☐

c) Der Dichtgummi der Türe muss unversehrt sein. ☐

d) Reiniger, Neutralisationsmittel und Nachspülmittel müssen kontrolliert werden. ☐

e) Beweglichkeit des oberen Sprüharmes muss kontrolliert werden. ☐

Aufgabe 100

Warum wird beim Sterilisator ein Vakuumtest durchgeführt?

Aufgabe 101

Semikritische Instrumente, die manuell mit einem begrenzt viruziden Desinfektionsmittel aufbereitet wurden, müssen wie kritische Instrumente in den Sterilisator gegeben werden. Welcher Unterschied muss bei semikritischen und kritischen Instrumenten beachtet werden?

Aufgaben 102

Auf welche Dinge müssen Sie bei der Beladung des Sterilisators achten? (drei Angaben)

(1) Schwere Trays kommen nach unten.
(2) Alle eingeschweißten Instrumente werden auf ein Tray gelegt.
(3) Eingeschweißte Instrumente dürfen gestapelt werden.
(4) Textilien werden nach oben sortiert.
(5) Das Beladungsmuster des Herstellers muss beachtet werden.

Aufgabe 103

In welche Risikoeinstufungen werden Hand- und Winkelstücke eingestuft?

Aufgaben 104

Welche Besonderheit gilt für als „kritisch B“ eingestufte Übertragungsinstrumente, die nicht verpackt sind?

(1) Sie werden im Behandlungszimmer gelagert.
(2) Sie müssen unmittelbar nach der Sterilisation angewendet werden.
(3) Sie werden bei den chirurgischen Instrumenten aufbewahrt.

Aufgabe 105

Bei den Sterilgutverpackungen müssen die Siegelnähte der Sterilisationsfolien regelmäßig auf Dichtigkeit geprüft werden. Dies erfolgt mittels eines Seal Checks. Wie oft muss dieser Test durchgeführt werden?

Aufgabe 106

Welche Anforderungen an Sterilisierverpackungen sind richtig?
Tragen Sie eine (1) für „zulässig" und eine (2) für „nicht zulässig" ein.

a) Es muss auf faltenfreie Versiegelung geachtet werden. ☐

b) Die Größe der Verpackung zur Größe der Instrumente spielt keine Rolle. ☐

c) Ein Mindestabstand von ca. 1 cm von der Siegelnaht bis zum Instrument sollte vorhanden sein. ☐

d) Die Sterilgutverpackung darf nur handschriftlich beschriftet werden. ☐

e) Die Sterilgutverpackung wird ganz an der Naht abgeschnitten. ☐

Aufgabe 107

Instrumente können nicht nur mit Sterilisationsfolien steril verpackt werden. Nennen Sie eine weitere Möglichkeit.

Aufgabe 108

Welche Informationen müssen an durchsichtigen Sterilgutverpackungen angebracht werden?

(1) Inhalt der Sterilgutverpackung
(2) Sterilisationsdatum
(3) Personalnummer oder Namenskürzel
(4) Name des Dampfsterilisators
(5) Chargenkennzeichnung

Aufgabe 109

Welche Information muss bei begrenzt aufbereitbaren Instrumenten zusätzlich angegeben werden?

Aufgabe 110

Wie lange dürfen Sie eingeschweißte, sterilisierte Instrumente lagern?

Aufgabe 111

Wie dürfen Sie die verpackten Instrumente lagern?
Tragen Sie eine (1) für „zulässig" und eine (2) für „nicht zulässig" ein.

a) Die Instrumente dürfen im Behandlungszimmer gelagert werden. ☐

b) Es gibt keine besonderen Anforderungen, Lagerung erfolgt wie bei den anderen Instrumenten. ☐

c) Die Instrumente müssen nach dem Verfallsdatum erneut verpackt und sterilisiert werden. ☐

d) Die Instrumente müssen staubfrei gelagert werden. ☐

e) Es müssen Zangen mit Zangen, scharfe Löffel mit Saugern, Raspatorien mit Hebeln gelagert werden. ☐

Aufgabe 112

Welche Zahnmedizinischen Fachangestellten dürfen im Ablauf der Medizinprodukteaufbereitung welche Aufgabe übernehmen? Verwenden Sie eine (1) für alle ZFA und eine (2) für ausgelernte ZFA:

a) Einräumen des RDG ☐

b) Sichtkontrolle der Instrumente ☐

c) Einräumen der Instrumente im Behandlungszimmer ☐

d) Freigabe des RDG ☐

e) Verpacken von Instrumenten ☐

f) Freigabe des Sterilisators ☐

g) Tagesdokumentation ☐

Aufgabe 113

Bei der Sterilisation ist im Protokoll ein Fehler aufgetreten. Die Sterilisation konnte nicht richtlinienkonform beendet werden. Wie gehen Sie vor?

Aufgabe 114

Die Freigaben der Reinigung und Sterilisation müssen dokumentiert werden. Wie lange müssen diese Dokumente aufbewahrt werden?

(1) 3 Jahre
(2) 5 Jahre
(3) 1 Jahr

Aufgabe 115

Übertragungsinstrumente haben aufgrund der Beschaffenheit einen höheren Aufwand in der Reinigung und Desinfektion. Sie müssen nach jeder Behandlung innen und außen gereinigt und desinfiziert werden. Nennen Sie neben der Infektionsgefahr einen weiteren Grund, warum die Übertragungsinstrumente gepflegt werden müssen.

Aufgabe 116

Im Behandlungszimmer befindet sich auf beiden Seiten der Behandlungseinheit eine Mehrfunktionsspritze.

Wie wird diese richtlinienkonform nach jeder Behandlung aufbereitet? (zwei Angaben)

(1) Die Mehrfunktionsspritze wird mit einer Wischdesinfektion abgewischt.
(2) Nach Möglichkeit wird eine Einwegschutzhülle bei der Behandlung benutzt.
(3) Da die Mehrfunktionsspritze keinen Kontakt mit Blut hat, muss sie nicht aufbereitet werden.
(4) Um einen Rücksogeffekt auszuschließen, muss ca. 20 Sekunden mit Wasser nachgespült werden.

Aufgabe 117

In welchen Bereich der Risikoeinstufung gehören rotierende und oszillierende Instrumente?

Aufgabe 118

Bei Wurzelkanalinstrumenten gibt es eine begrenzte Anzahl an Aufbereitungszyklen, da unter anderem die Bruchgefahr durch die Aufbereitung erhöht wird.

Wodurch kann der Bruchgefahr der Wurzelkanalinstrumente vorbeugt werden?

Aufgabe 119

Vervollständigen Sie den Satz:

Die ______________________________ von Medizinprodukten der Kategorie „kritisch B“ muss generell __________________ in Reinigungs- und Desinfektionsgeräten stattfinden.

Aufgabe 120

In welche beiden Bereiche sollte der Aufbereitungsraum eingeteilt sein?

Aufgabe 121

Ordnen Sie den Standort der Geräte den jeweiligen Bereichen des Aufbereitungsraumes zu:

A: reiner Bereich, B: unreiner Bereich, C: reiner/unreiner Bereich

(1) Sterilisator ☐

(2) Reinigungs- und Desinfektionsgerät ☐

(3) Einschweißgerät ☐

(4) Aufbereitungsgerät für Übertragungsinstrumente ☐

(5) Desinfektionswanne ☐

(6) Lupe mit Licht ☐

(7) Ultraschallbad ☐

Aufgabe 122

Bei welchen Arbeiten tragen Sie im Aufbereitungsraum die Schutzkleidung (stichfeste Handschuhe, Schürze, Schutzbrille)?

(1) Einräumen des Reinigungs- und Desinfektionsgerätes
(2) Ausräumen des Sterilisators
(3) Reinigung der Instrumente der Desinfektionswanne
(4) Einräumen der Instrumente im Behandlungszimmer
(5) Einschweißen der Instrumente

Aufgabe 123

Für alle im Aufbereitungsraum notwendigen Arbeitsschritte müssen Arbeitsanweisungen vorliegen. Wo sind diese abgespeichert?

Aufgabe 124

Nennen Sie einen weiteren Begriff für die maschinelle Reinigung.

Aufgabe 125

Welche Vorteile bietet die maschinelle Reinigung im Vergleich zur manuellen Reinigung? (drei Angaben)

(1) Zeitersparnis
(2) wenig Fachkenntnisse notwendig
(3) niedrigeres Verletzungsrisiko
(4) Entlastung des Personals
(5) keine Kosten

Aufgabe 126

Sie bereiten in Ihrer Praxis die Instrumente manuell auf.
Welche Vorgaben müssen Sie beachten? (drei Angaben)

(1) Die Instrumente werden im Desinfektionsbad gesammelt, bis die Wanne voll ist.
(2) Es müssen alle Instrumente eingelegt werden.
(3) Die Flüssigkeit kann so lange genutzt werden, bis sie sichtbar verschmutzt ist.
(4) Es müssen alle Instrumente mit Flüssigkeit bedeckt sein.
(5) Es muss keine Einwirkzeit beachtet werden.
(6) Die Wanne sollte mit einem Deckel verschlossen sein.

Aufgabe 127

Sie reinigen die rotierenden und oszillierenden Instrumente des Bohrerbades. Nach dem Abspülen der Instrumente entfernen Sie an zwei Rosenbohrern noch hartnäckige Verschmutzungen.

Wie gehen Sie im Anschluss mit den beiden Rosenbohrern vor?

(1) Sie werden mit den anderen Bohrern und Fräsen in das RDG gegeben.
(2) Sie müssen nochmals im Bohrerbad gereinigt werden.

Aufgabe 128

Welche rotierenden und oszillierenden Instrumente geben Sie nach dem RDG in den Sterilisator und welche können Sie sofort im Behandlungszimmer einräumen?

Tragen Sie eine (1) für Behandlungszimmer und eine (2) für Sterilisator ein.

a) Rosenbohrer ☐

b) chirurgischer Bohrer ☐

c) Finierer ☐

d) Birne ☐

e) Lindemannfräse ☐

Aufgabe 129

In welchem Dokument ist die Aufbereitung der Medizinprodukte geregelt?

Aufgabe 130

In der Praxis werden Informationen zur Aufbereitung notiert. Welche Angaben sollte der Hygieneplan enthalten? (zwei Angaben)

Der Hygieneplan gibt an,

(1) welche Mittel verwendet werden.
(2) um wie viel Uhr die Instrumente gereinigt werden.
(3) welche Konzentration die Flüssigkeiten haben.
(4) wie Reinigung und Desinfektion erfolgen müssen.
(5) wie oft die Mittel neu angesetzt werden müssen.
(6) welche Personen sich an die Anweisungen halten müssen.

Aufgabe 131

Wann muss der Hygieneplan überprüft werden? Nennen Sie zwei Beispiele.

B

PRÜFUNGSBEREICH 2: EMPFANGEN UND AUFNEHMEN VON PATIENTINNEN UND PATIENTEN

1. Kommunikation

1.1 Arten der Kommunikation

Aufgabe 132

Was bezeichnet der Begriff „Kommunikation"?

Aufgabe 133

Ordnen Sie die Arten der Kommunikation den Beispielen zu.

A: verbal, B: nonverbal

(1) Sprache ☐

(2) Zeichen ☐

(3) Mimik ☐

(4) Gestik ☐

(5) Körperhaltung ☐

Aufgabe 134

In der Kommunikation gibt es Sender und Senderinnen sowie Empfänger und Empfängerinnen. Wie können sich die jeweiligen Sender und Senderinnen sicher sein, dass die Information richtig bei den Empfängern und Empfängerinnen angekommen ist?

Aufgabe 135

Nennen Sie drei verschiedene Kommunikationswege in einer Praxis.

1.2 Empfang der Patientinnen und Patienten

Aufgabe 136

Wo findet meist der erste Kontakt zwischen den Patientinnen und Patienten sowie der Praxis statt?

Aufgabe 137

Eine Patientin erscheint zur Behandlung bei Ihnen in der Praxis. Auf welche Dinge sollten Sie bei der Begrüßung achten? (drei Angaben)

(1) die Patientin mit Namen ansprechen
(2) der Patientin nicht in die Augen schauen, damit sie nicht nervös wird
(3) lächeln
(4) Handschuhe zur Begrüßung tragen
(5) Namensschild tragen

Aufgabe 138

Warum ist der erste Eindruck der Praxis und des Personals für die Patientinnen und Patienten so wichtig? Nennen Sie zwei Beispiele.

1.3 Aufnahme der Patientinnen und Patienten

Aufgabe 139

Ein Patient meldet sich telefonisch in der Praxis zur Terminvereinbarung. Welche Daten benötigen Sie von der Person, um eine Verwechslung zu vermeiden?

Aufgabe 140

Es erscheint eine Neupatientin in der Praxis zu ihrem vereinbarten Termin. Welche Dinge müssen Sie beim ersten Termin beachten? (drei Angaben)

(1) Stammdaten über die elektronische Gesundheitskarte (eGK) erfassen
(2) Anamnesebogen zum Ausfüllen mit nach Hause geben
(3) Datenschutz unterschreiben lassen
(4) Vorlage des Medikamentenplans in der Zahnarztpraxis nicht erforderlich

(5) Unterlagen nur in Großbuchstaben ausfüllen
(6) auf allen Unterlagen die persönliche Unterschrift und das Datum vermerken lassen

Aufgabe 141

Wie können Sie sich sicher sein, dass die Versicherungskarte, die Patientinnen und Patienten Ihnen vorlegen, auch sicher ihre eigene ist?

Aufgabe 142

Welche Daten der Patientinnen und Patienten erfassen Sie mit dem Einlesen der Versicherungskarte neben ihren Vor- und Nachnamen sowie ihrer Anschrift. Nennen Sie drei Beispiele.

Aufgabe 143

Warum ist es für die Praxis wichtig zu erfahren, ob Patientinnen und Patienten blutverdünnende Medikamente einnehmen? (zwei Angaben)

(1) für chirurgische Eingriffe
(2) zur Zahnsteinentfernung
(3) für Füllungen
(4) bei Röntgenaufnahmen
(5) um Kontraindikationen zu vermeiden

1.4 Aufrufen und Begleiten der Patientinnen und Patienten

Aufgabe 144

Sie holen einen Patienten im Wartezimmer ab, um ihn ins Behandlungszimmer zu begleiten. Im Zimmer können Sie gleich die Röntgenbilder und das Behandlungsblatt im PC aufrufen, damit alles vorbereitet ist, wenn die behandelnde Person kommt. Worauf sollten Sie achten, wenn sie das Behandlungszimmer betritt? (drei Angaben)

(1) Es sollte sauber und aufgeräumt sein.
(2) Alle Instrumente liegen für den Patienten oder die Patientin sichtbar auf dem Schwebetisch.
(3) Den Raum vorher nicht lüften, damit er nicht auskühlt.
(4) Es liegen keine Dokumente der vorigen Patientinnen und Patienten im Zimmer.
(5) Der Bildschirm des PCs sollte nicht einsehbar sein.

Aufgabe 145

Der Patient sitzt bereits seit 15 Minuten im Behandlungszimmer und wartet auf die behandelnde Ärztin. Diese ist jedoch mit einem Notfall noch weitere 15 Minuten beschäftigt. Wie gehen Sie vor? (zwei Angaben).

(1) Sie informieren den Patienten und gehen wieder.
(2) Sie unternehme nichts weiter.
(3) Sie informieren den Patienten, entschuldige sich und bieten ihm etwas zu trinken oder zu lesen an.
(4) Diese Wartezeiten sind für Sie normal.

Aufgabe 146

Sie haben eine Angstpatientin, die Sie zum Behandlungszimmer begleiten. Sortieren Sie, welche Faktoren Angst fördern und welche eher beruhigend wirken. Tragen Sie eine (1) für „fördern die Angst" und (2) für „wirken beruhigend" ein.

a) Auf dem Weg zum Behandlungszimmer sind Geräusche des Bohrers aus dem Nebenzimmer zu hören.	☐
b) Das Behandlungszimmer ist hell und freundlich eingerichtet.	☐
c) Die Luft ist stickig und warm.	☐
d) Die Patientin muss lange auf die Behandlung warten.	☐
e) Die Abläufe in der Praxis sind ruhig und strukturiert.	☐

1.5 Unterstützung bei Diagnostik und Therapie

Aufgabe 147

Beschreiben Sie die Begriffe „Diagnose" und „Therapie".

Aufgabe 148

Zur Diagnose benötigen wir die Anamnese der Patientinnen und Patienten. Welche verschiedenen Arten der Anamnese gibt es?

Aufgabe 149

Bei der „speziellen Anamnese" wird nach Beschwerden und Erkrankungen im Bereich des Kiefers/Mundes gefragt.

Welche Informationen sind wichtig? (drei Angaben)

(1) Wann war der Patient zum letzten Mal in einer Zahnarztpraxis?
(2) Seit wann hat die Patientin Schmerzen?
(3) Was hat der Patient zuletzt gegessen?
(4) Wie alt ist das letzte Röntgenbild?
(5) Nimmt die Patientin eine Mundspüllösung?

Aufgabe 150

Wie oft sollten Sie die allgemeine Anamnese der Patientinnen und Patienten aktualisieren?

Aufgabe 151

Sie erklären den jeweiligen Patientinnen und Patienten die notwendige Behandlung. Auf was sollten Sie dabei achten? (zwei Angaben)

(1) Fachwörter benutzen, damit Patienten oder Patientinnen sicher sein können, dass Sie vom Fach sind.
(2) Auf Fachwörter verzichten und der zu behandelnden Person alles Wesentliche verständlich erklären.
(3) Alle Schritte bis ins kleinste Detail genau beschreiben.
(4) Die Schritte erklären, aber nicht zu genau, damit die Patienten oder die Patientinnen keine Angst bekommen.

1.6 Dokumentation

Aufgabe 152

Sie sind verpflichtet, die Angaben der Patientinnen und Patienten zu dokumentieren. Wie muss die Dokumentation erfolgen?

Aufgabe 153

Welche Angaben müssen bei der Dokumentation gemacht werden? (vier Angaben)

(1) Tagesdatum
(2) Uhrzeit der Behandlung
(3) Temperatur im Zimmer
(4) Kürzel ZFA, welche/-r dokumentiert
(5) Name der jeweilig behandelnden Personen
(6) Behandlungszimmer, in welchem die Behandlung durchgeführt wurde

Aufgabe 154

Eine Patientin teilt Ihnen mit, dass sie im letzten Jahr einen Herzinfarkt hatte. Seitdem nimmt sie blutverdünnende Medikamente. Wie gehen Sie mit dieser Information um? (drei Angaben)

(1) Sie geben die Information an die Kolleginnen und Kollegen weiter.
(2) Die Information ist für Sie und die Praxis nicht wichtig.
(3) Sie notieren die Information in der Akte.
(4) Sie fragen nach dem Namen des Medikamentes.

1.7 Verabschiedung der Patientinnen und Patienten

Aufgabe 155

Sie sind mit der Behandlung fertig und die Patientin kann die Praxis verlassen. Wie geht es weiter? (zwei Angaben)

(1) Sie verabschieden sich bereits im Wartezimmer und gehen mit dem Behandler oder der Behandlerin mit.
(2) Sie fragen die Patientin, ob sie Hilfe benötigt und begleiten sie mit an die Rezeption.
(3) Sie bieten der Patientin einen Nachsorgetermin oder Kontrolltermin an.
(4) Sie bitten die Patientin, sich zur Terminvereinbarung zu melden, da Sie aktuell keine Zeit haben.

Aufgabe 156

Die Patientin hat zur Behandlung eine Anästhesie bekommen und möchte selbst nach Hause fahren. Sie hat nach dem Verlassen des Wartezimmers aber ein wenig Probleme mit dem Kreislauf. Wie gehen Sie vor? (drei Angaben)

(1) Sie rufen der Patientin ein Taxi, ohne es mit ihr zu klären.
(2) Die Patientin nimmt im Wartezimmer Platz und Sie beobachten, ob sich ihr Zustand bessert.
(3) Die Patientin kann die Praxis beruhigt verlassen, an der frischen Luft *bessert es sich schnell.*
(4) Sie bieten ihr etwas Süßes zu trinken oder zu essen an.
(5) Sie notieren dies in der Patientenakte.

Aufgabe 157

Nennen Sie zwei Dinge, die bei der Kommunikation der Patientinnen und Patienten während der Verabschiedung wichtig sind.

1.8 Telefon

Aufgabe 158

Ein Neupatient meldet sich zur Terminvereinbarung telefonisch in der Praxis. Bringen Sie den Ablauf eines Telefonates in die richtige Reihenfolge.

(1) Sie wiederholen den Tag und die Uhrzeit des Termines. ☐

(2) Sie verabschieden sich vom Patienten und sprechen ihn nochmals mit seinem Namen an. ☐

(3) Sie melden sich mit dem Namen der Praxis und ihrem eigenen Namen. ☐

(4) Sie fragen nach, ob der Patient noch weitere Wünsche hat. ☐

(5) Sie bieten dem Patienten einen Termin an. ☐

(6) Sie fragen nach Namen und Geburtsdatum sowie der Telefonnummer. ☐

(7) Sie notieren sich den Grund für den Termin. ☐

Aufgabe 159

Am Telefon meldet sich die Schwester einer Patientin, der vormittags ein Zahn gezogen wurde. Die Schwester möchte Auskunft über die Behandlung haben. Welche Information geben Sie weiter?

Aufgabe 160

Sie haben am Morgen eine kurzfristig festgesetzte Teambesprechung. Was machen Sie in dieser Zeit mit dem Telefon?

(1) Sie nehmen es mit und telefonieren während der Besprechung.
(2) Das Telefon bleibt an der Rezeption und es läutet einfach weiter.
(3) Der Anrufbeantworter bleibt eingeschaltet.
(4) Sie hinterlassen auf dem Anrufbeantworter eine Nachricht, dass die Praxis an diesem Morgen erst zu einem späteren Zeitpunkt erreichbar ist.

1.9 Fax

Aufgabe 161

Nennen Sie zwei Vorteile eines Faxgerätes.

Aufgabe 162

Warum sollte das Faxgerät nicht auf dem Schreibtisch der Rezeption stehen?

1.10 E-Mail

Aufgabe 163

Sie sollen an alle Kolleginnen und Kollegen eine Information bezüglich der Urlaubsplanung mit Formular versenden. Warum machen Sie dies per E-Mail? Nennen Sie zwei Gründe.

Aufgabe 164

Worauf müssen Sie bei der Eingabe der Mailadressen achten, wenn Sie diese an mehrere Personen senden, damit Sie den Datenschutz einhalten?

Aufgabe 165

Eine Zahnarztpraxis hat ein Röntgenbild eines Patienten angefordert, und bittet Sie, diese per E-Mail zu senden. Worauf müssen Sie achten?

Aufgabe 166

Nennen Sie drei Vorteile der E-Mail im Vergleich zu einem Brief.

1.11 Patientengruppen

Aufgabe 167

Nennen Sie drei verschiedene Patientengruppen.

Aufgabe 168

Welche Faktoren machen den Patientinnen und Patienten den Besuch in der Praxis einfacher? (drei Angaben)

(1) Einfühlungsvermögen
(2) Hilfsbereitschaft
(3) Gleichgültigkeit
(4) Diskretion
(5) Unpünktlichkeit

Aufgabe 169

Verschiedene Patientengruppen haben auch verschiedene Ansprüche und Bedürfnisse. Bei Kindern ist es sinnvoller, Begriffe zu umschreiben, Erwachsene fühlen sich auf diese Art aber eventuell nicht ernst genommen.

Welche Begriffe eigenen sich eher für die Kommunikation mit Erwachsenen, welche eher mit Kindern? Ordnen Sie die Ziffern (1) für Erwachsene und (2) für Kinder zu.

a) Wir entfernen die schwarzen Punkte. ☐

b) Aufgrund der Zahnfleischentzündung ist die tägliche Reinigung mit Zahnseide notwendig. ☐

c) Der Zahn wird mit einem Licht trocken geföhnt. ☐

d) Wir machen ein Foto von dem Zahn (Röntgenbild). ☐

e) Um Karies in den Zwischenräumen ausschließen zu können, fertigen wir von beiden Seiten Röntgenbilder an. ☐

1.12 Kommunikationsstörungen

Aufgabe 170

Die Patientin erscheint in der Praxis zu Behandlung. Sie haben aber heute keinen vorgemerkten Termin. Die Patientin reagiert verärgert. Wie lösen Sie den Konflikt? (zwei Angaben)

(1) Sie fragen nach dem Terminzettel.
(2) Sie sagen der Patientin, es sei ihre eigene Schuld, da der Termin bei Ihnen im Kalender nicht eingetragen ist.
(3) Sie bieten ihr einen alternativen Termin an.

Aufgabe 171

Die Patientin möchte keinen neuen Termin und wird an der Rezeption laut. Was tun Sie?

2. Grundlagen

Aufgabe 172

Bevor die Behandlung der Patientinnen und Patienten thematisiert wird, liegt der Fokus zunächst auf der Erhebung der Anamnese. Was versteht man unter dem Begriff „Anamnese"?

Aufgabe 173

Ordnen Sie die Fachbegriffe der verschiedenen Untersuchungsmethoden den jeweiligen Übersetzungen zu:

(1) Auskultation
(2) Inspektion
(3) Palpation
(4) Perkussion

Untersuchungsmethoden:

a) abtasten ☐
b) abhören ☐
c) beklopfen ☐
d) betrachten ☐

Aufgabe 174

Wenn die Zähne in die Mundhöhle durchbrechen, spricht man auch umgangssprachlich vom „Zahnen". Wie heißt der Fachausdruck?

Aufgabe 175

Bringen Sie die verschiedenen Stadien der Zahnentwicklung in die richtige Reihenfolge:

(1) Glockenstadium ☐
(2) Kappenstadium ☐
(3) Knospenstadium ☐
(4) Mineralisationsbeginn ☐
(5) Dentition ☐

Aufgabe 176

Wie werden die dentinbildenden Zellen genannt?

Aufgabe 177

Wie werden die schmelzbildenden Zellen genannt?

Aufgabe 178

Von welchen Zellen wird das Wurzelzement gebildet?

Aufgabe 179

Welche Aussage zum Milchgebiss trifft zu? Tragen Sie eine (1) für „trifft zu“ und eine (2) für „trifft nicht zu“ ein.

a) Das Milchgebiss umfasst 18 Zähne, sechs Schneidezähne, vier Eckzähne, acht Milchmolaren. ☐

b) Das Milchgebiss umfasst 22 Zähne, sechs Schneidezähne, vier Eckzähne, vier Milchprämolaren, acht Milchmolaren. ☐

c) Das Milchgebiss umfasst 20 Zähne, sechs Schneidezähne, vier Eckzähne, zwei Milchprämolaren, acht Milchmolaren. ☐

d) Das Milchgebiss umfasst 22 Zähne, zehn Schneidezähne, zwei Eckzähne, zehn Milchmolaren. ☐

e) Das Milchgebiss umfasst 20 Zähne, acht Schneidezähne, vier Eckzähne, acht Milchmolaren. ☐

Aufgabe 180

Bringen Sie die Durchbruchszeiten der bleibenden Zähne in die richtige Reihenfolge:

(1) Eckzähne ☐

(2) 2. Molar ☐

(3) Schneidezähne ☐

(4) 1. Molar ☐

(5) 3. Molar ☐

Aufgabe 181

Unter dem nachwachsenden Druck der bleibenden Zähne werden die Milchzahnwurzeln abgebaut. Wie nennt man den Fachausdruck?

Aufgabe 182

Welche Bestandteile zählen zum Zahnhalteapparat?

Aufgabe 183

Welche Aussagen zu der Zahnsubstanzzusammensetzung sind nicht korrekt? (drei Angaben)

(1) Schmelz besteht zu 96 % aus anorganischer und zu 1,7 % aus organischer Substanz und zu 2,3 % aus Wasser.
(2) Schmelz besteht zu 75 % aus anorganischer und zu 20 % aus organischer Substanz und zu 5 % aus Wasser.
(3) Dentin besteht zu 69 % aus anorganischer und zu 18 % organischer Substanz und zu 13 % aus Wasser.
(4) Wurzelzement besteht zu 46 % aus anorganischer und zu 22 % aus organischer Substanz und zu 32 % aus Wasser.
(5) Wurzelzement besteht zu 30 % aus anorganischer und zu 20 % aus organischer Substanz und zu 50 % aus Wasser.

Aufgabe 184

Was versteht man unter dem Begriff „Wurzelzement"?

Aufgabe 185

Welche ist die größte Speicheldrüse in der Mundhöhle?

Aufgabe 186

Welche Aussagen zu den Speicheldrüsen sind korrekt?

(1) Die vor und hinter dem Ohr liegende Speicheldrüse nennt man Glandula submandibularis.
(2) Die Plica sublingualis findet man auf der Unterkieferspeicheldrüse.
(3) Die Speicheldrüsen sind paarig angelegt.
(4) Die Speicheldrüsen bilden fünf bis zehn Liter Speichel pro Tag.
(5) Die Unterkieferspeicheldrüse und die Unterzungenspeicheldrüse haben gemeinsame Ausgänge.

Aufgabe 187

Welche Aussagen zum Rachen sind korrekt: Tragen Sie ein (r) für „richtig" und ein (f) für „falsch" ein.

(1) Der Rachen ist ein mit Schleimhaut ausgekleideter Muskelschlauch, welcher in drei Etagen eingeteilt ist. ☐

(2) Der Nasenrachen wird auch als Hypopharynx bezeichnet. ☐

(3) Der Oropharynx ist der Mundrachen. ☐

(4) Im Nasenrachen liegt seitlich der Zugang zur Ohrtrompete und bildet somit eine Verbindung zum Mittelohr. ☐

(5) Im unteren Rachenraum trennen sich Atem- und Speiseweg. ☐

Aufgabe 188

Welchen Bereich bezeichnet man als Vestibulum oris?

Aufgabe 189

Durch welche Bereiche ist die Mundhöhle begrenzt?

Aufgabe 190

Es gibt drei verschiedene Arten von Schleimhautbändern. Nennen Sie die Fachbezeichnung und die deutsche Übersetzung.

Aufgabe 191

Welche Aussagen zur Zunge sind korrekt? (drei Angaben)

(1) Bei der Zunge unterscheidet man die Zungenspitze, den Zungenkörper und den Zungenrachen.
(2) Als Zungenrücken bezeichnet man die Oberfläche von Zungenspitze und Zungenkörper.
(3) Man unterscheidet drei Geschmacksrichtungen.
(4) Die fadenförmigen Papillen dienen vor allem dem Tastempfinden.
(5) Am Zungengrund befinden sich die Zungenmandel.

Aufgabe 192

Welche Aufgabe hat die Zunge?

Aufgabe 193

Bringen Sie den Kau- und Schluckvorgang in die richtige Reihenfolge

(1) Schluckreflex wird ausgelöst. ☐

(2) Nahrung wird über den Mund aufgenommen. ☐

(3) Zunge drückt den Speisebrei gegen den weichen Gaumen und die Rachenhinterwand. ☐

(4) Nahrung wird mit den Zähnen zerkleinert. ☐

(5) Speichel verflüssigt die zerkleinerte Nahrung. ☐

Aufgabe 194

Beschreiben Sie den Unterschied zwischen der Artikulation und der Okklusion.

Aufgabe 195

In Befunden kann man öfter von parafunktionärbedingten Abrasionen lesen. Was sind Parafunktionen?

Aufgabe 196

Wir unterscheiden die Schädelknochen in Gehirn- und Gesichtsschädel. Ordnen Sie folgende Knochen zu. Tragen Sie eine (1) für „Gehirnschädel" und eine (2) für „Gesichtsschädel" ein.

a) Os occipitale ☐

b) Os nasale ☐

c) Os lacrimale ☐

d) Os temporale ☐

e) Os zygomaticum ☐

f) Os sphenoidale ☐

Aufgabe 197

Nennen Sie die Fortsätze des Oberkieferknochens.

Aufgabe 198

Zuordnungsaufgabe: Welche Aussage ist nicht korrekt?

(1) Nasennebenhöhlen verringern das Schädelgewicht.
(2) Der Mensch besitzt 2 Kieferhöhlen.
(3) Die Stirnhöhle wird auch als Sinus sphenoidalis bezeichnet.
(4) Die Kieferhöhle wird auch als Antrum highmori bezeichnet.
(5) Eine Sinusitis maxillaris ist eine Kieferhöhlenentzündung.

Aufgabe 199

Wie heißen die zwei Fortsätze am aufsteigenden Unterkieferast?

Aufgabe 200

Wie werden die Unterkieferbewegungen fachlich bezeichnet? Ordnen Sie die Fachbegriffe zu.

(1) Laterotrusion

(2) Mediotrusion

(3) Protrusion

(4) Retrusion

Unterkieferbewegungen:

a) zur Mitte ☐

b) zurück ☐

c) zur Seite ☐

d) nach vorne ☐

Aufgabe 201

Wo treten Gefäße und Nerven in den Unterkieferkanal ein und aus?

Aufgabe 202

Welche Nerven gehören zum Nervus trigeminus? (drei Angaben).

(1) Nervus ophtalmicus
(2) Nervus lingualis
(3) Nervus maxillaris
(4) Nervus mandibularis
(5) Nervus facialis

Aufgabe 203

Was versteht man unter einer Trigeminusneuralgie?

Aufgabe 204

Welche Aussagen zur Schmerzausschaltung (Anästhesie) sind richtig? Tragen Sie ein (r) für „richtig“ und ein (f) für „falsch“ ein.

(1) Die Oberflächenanästhesie zählt zu der Lokalanästhesie. ☐

(2) Neben der Leitungsanästhesie ist eine Infiltrationsanästhesie möglich. ☐

(3) Bei einer Extraktion ist die Sedierung der Patientin oder des Patienten immer erforderlich. ☐

(4) Durch eine Injektion können Hämatome entstehen. ☐

(5) Die intraligamentäre Anästhesie ist eine besondere Form der Infiltrationsanästhesie. ☐

Aufgabe 205

Erklären Sie die Aspiration im Zusammenhang mit einer Injektion.

Aufgabe 206

Erklären Sie den Unterschied zwischen einer Kieferklemme und einer Kiefersperre.

Aufgabe 207

Nennen Sie die vier Bestandteile des Kiefergelenks.

Aufgabe 208

Ordnen Sie folgende Erkrankungen der Mundhöhle den Fachbezeichnungen zu:

(1) Zahnfleischverdickung durch übermäßige Bindegewebsbildung
(2) schmerzhafte, schlecht heilende spaltförmige Einrisse der Haut
(3) weiße, nicht abwischbare Flecken auf der Schleimhaut
(4) weiße, abwischbare Flecken auf der Schleimhaut
(5) gutartige knotenförmige Gingivawucherungen am Zahn
(6) bakterielle Entzündung des Zahnhalteapparates

Fachbezeichnungen:

a) Leukoplakie ☐

b) Mykosen ☐

c) Parodontitis ☐

d) Epulis ☐

e) Gingivahyperplasie ☐

f) Rhagaden ☐

3. Zahnerhaltung und Füllungstherapie

3.1 Karies

Aufgabe 209

Bringen Sie die Entstehung von Karies in die richtige Reihenfolge.

(1) Es entsteht Säure auf den Zähnen. ☐

(2) Nahrungsreste (besonders Kohlenhydrate) haften auf der Zahnoberfläche. ☐

(3) Haften die Nahrungsreste länger an, entsteht Karies. ☐

(4) Bakterien verstoffwechseln die Kohlenhydrate. ☐

Aufgabe 210

Beschreiben Sie die Begriffe „Demineralisation“ und „Remineralisation“.

Aufgabe 211

Nennen Sie drei Aufgaben des Speichels.

Aufgabe 212

An einem Zahn wurde bereits eine Demineralisation festgestellt. Wie ist der weitere Verlauf, wenn keine Behandlung stattfindet?

(1) Schmelzkaries, Caries Profunda, Dentinkaries

(2) Dentinkaries, Schmelzkaries, Caries Profunda

(3) Schmelzkaries, Dentinkaries, Caries Profunda

Aufgabe 213

Nennen Sie drei Möglichkeiten, wie Karies diagnostiziert werden kann.

Aufgabe 214

Was bedeutet Sekundärkaries?

3.2 Molaren-Inzisiven-Hypomineralisation (MIH)

Aufgabe 215

Welche Aussagen sind richtig? (zwei Angaben)

(1) MIH gibt es nur an bleibenden Zähnen.

(2) MIH ist eine Schmelzbildungsstörung.

(3) MIH ist sehr schmerzhaft.

(4) Ein anderer Begriff für MIH ist Kreidezähne.

(5) MIH gibt es nur an den Zähnen 11,21, sowie 41,31.

Aufgabe 216

Wodurch entsteht MIH?

Aufgabe 217

Eine MIH muss nicht zwingend durch Füllungen therapiert werden.

Welche anderen Möglichkeiten gibt es, damit keine Karies an den betroffenen Stellen entsteht?

3.3 Füllungstherapie

Aufgabe 218

Welcher der beiden Begriffe beschreibt die Füllungstherapie? Restauration oder Rekonstruktion?

Aufgabe 219

Nennen Sie drei verschiedene plastische Füllungsmaterialien.

Aufgabe 220

Welche Personengruppen sollten keine Amalgamfüllungen erhalten. Nennen Sie fünf.

Aufgabe 221

Bringen Sie den Ablauf einer Kompositfüllung in die richtige Reihenfolge.

(1) Ausarbeitung ☐

(2) Präparation der Kavität ☐

(3) Auftragen von Primer und Bonding ☐

(4) Lichtaushärtung ☐

(5) Einbringen des Füllmaterials in Mehrschichttechnik ☐

(6) Anätzen des Schmelzes ☐

(7) Lichthärtung der einzelnen Materialschichten ☐

(8) Kontrolle der Okklusion und Artikulation, evtl. Fluoridierung ☐

Aufgabe 222

Nennen Sie je zwei Vor- und Nachteile von Glasionomerzement:

Vorteile	Nachteile
1.	1.
2.	2.

4. Wurzelkanalbehandlung

Aufgabe 223

Erklären Sie den Begriff Odontoblasten.

Aufgabe 224

Ordnen Sie den fünf Zeichen einer Entzündung die folgenden Fachbegriffe zu.

(1) Rötung
(2) Wärme
(3) Schwellung
(4) Schmerzen
(5) eingeschränkte Funktion

Fachbegriffe:

a) Calor ☐

b) Dolor ☐

c) Functio laesa ☐

d) Rubor ☐

e) Tumor ☐

Aufgabe 225

Nennen Sie die Bestandteile und die Hauptaufgabe der Pulpa.

Aufgabe 226

Verlaufsformen einer Pulpitis. Bringen Sie die verschiedenen Stadien in die korrekte Reihenfolge.

(1) Pulpagangän ☐

(2) Pulpitis purulenta ☐

(3) Hyperämie ☐

(4) Pulpitis serosa ☐

(5) Pulpanekrose ☐

Aufgabe 227

Nennen Sie drei mögliche Ursachen, die eine Pulpitis zur Folge haben.

Aufgabe 228

Welche Aussage zur Pulpitis ist richtig? Tragen Sie ein (r) für „richtig" und ein (f) für „falsch" ein.

(1) Pulpitis ist die Zahnhalteentzündung. ☐

(2) Die eitrige Pulpitis wird auch als Pulpitis purulenta bezeichnet. ☐

(3) Bei einer Pulpagangrän ist eine Vitalexstirpation erforderlich. ☐

(4) Die Folge einer Pulpagangrän ist eine apikale Parodontitis. ☐

(5) Als Hyperämie bezeichnet man die verstärkte Durchblutung der Pulpa. ☐

Aufgabe 229

Welche Möglichkeiten der Vitalerhaltung der Pulpa gibt es. Nennen und erklären Sie zwei.

Aufgabe 230

Nennen Sie zwei Medikamente für die Vitalerhaltung der Pulpa.

Aufgabe 231

Wenn eine Vitalerhaltung nicht mehr möglich ist, sollte welche Behandlungsmethode eingeleitet werden?

Aufgabe 232

Erklären Sie den Unterschied zwischen einer Vitalexstirpation und einer Gangränbehandlung.

Aufgabe 233

Welche Wurzelkanalaufbereitungsinstrumente benötigen Sie für die Wurzelkanalbehandlung?

Aufgabe 234

Bringen Sie die einzelnen Arbeitsschritte einer Wurzelkanalbehandlung in die richtige Reihenfolge.

(1) Füllung der Wurzelkanäle ☐
(2) Trepanation ☐
(3) Röntgenkontrollaufnahme ☐
(4) Befund und Diagnostik ☐
(5) Kofferdam ☐
(6) Längenbestimmung ☐
(7) Aufbereitung der Kanäle ☐
(8) ggf. Anästhesie ☐
(9) Spülung der Wurzelkanäle ☐
(10) Verschluss der Kavität mit einer definitiven Füllung ☐

Aufgabe 235

Wie lautet der Fachausdruck für das medikamentöse Abtöten einer Pulpa?

(1) Degeneration

(2) Perforation

(3) Dentition

(4) Devitalisation

Aufgabe 236

Was ist eine Vitalexstirpation?

(1) Amputation einer Wurzelspitze
(2) Entfernung der toten Pulpa
(3) besondere Vitalitätsprüfung
(4) Teilextraktion eines mehrwurzeligen Zahnes
(5) Entfernung der lebenden Pulpa

Aufgabe 237

Welche Spüllösungen werden in der Regel während der Wurzelkanalaufbereitung verwendet?

Aufgabe 238

Erklären Sie die laterale Kondensation.

Aufgabe 239

Was ist die apikale Masterfeile?

5. Zahnärztliche Chirurgie

5.1 Grundlagen

Aufgabe 240

Die zahnärztliche Chirurgie umfasst nicht nur Extraktionen.

Nennen Sie zwei weitere chirurgische Behandlungen.

Aufgabe 241

Welche Kontraindikationen müssen bei einem chirurgischen Eingriff berücksichtigt werden? Nennen Sie drei Beispiele.

Aufgabe 242

Bei chirurgischen Behandlungen unterscheidet man zwischen zahnerhaltenden und zahnentfernenden Maßnahmen. Ordnen Sie den Begriffen die Ziffer (1) für „zahnerhaltend" und die Ziffer (2) für „Zahnentfernung" zu.

a) Wurzelspitzenresektion ☐

b) Alveotomie ☐

c) Osteotomie ☐

d) Extraktion ☐

e) Excision ☐

f) Implantation ☐

Aufgabe 243

Warum ist bei chirurgischen Eingriffen die Vorlage eines aktuellen Medikationsplans wichtig?

Aufgabe 244

Sie behandeln einen Schmerzpatienten und müssen den Zahn 16 extrahieren. Er ist eigentlich Patient einer Kollegin und Ihre Praxis übernimmt die Krankheitsvertretung. Ihnen liegt kein aktuelles Röntgenbild vor. Wie gehen Sie vor? (zwei Angaben)

(1) Das ist kein Problem, bei Schmerzen kann auch ohne aktuelles Röntgenbild extrahiert werden.
(2) Sie rufen in der Praxis an und fragen, ob eine aktuelle Aufnahme vorhanden ist.
(3) Es wird eine Aufnahme gemacht, damit während der Behandlung Zeitverzögerung entsteht.
(4) Wenn Sie niemanden erreichen, wird der Patient aufgeklärt und ein Röntgenbild angefertigt.

Aufgabe 245

Welche Aussagen zur chirurgischen Behandlung sind richtig? (drei Angaben)

(1) Die Instrumente müssen steril sein.
(2) Sterile Schutzkleidung des Personals ist nicht erforderlich.
(3) Es wird eine aktuelle Anamnese der Patentinnen und Patienten benötigt.
(4) Vor der Behandlung muss eine chirurgische Händedesinfektion durchgeführt werden.
(5) Bei Patientinnen und Patienten muss immer das Gesicht abgedeckt werden.

Aufgabe 246

Welche Instrumente gehören nicht in den chirurgischen Bereich? (drei Angaben)

(1) scharfer Löffel
(2) Spiegel
(3) Nadelhalter
(4) Lindemannfräse
(5) Heidemannspatel
(6) Tamponadenstopfer
(7) Polierkelch

5.2 Abszessbehandlung

Aufgabe 247

Beschreiben Sie den Begriff „Abszess".

Aufgabe 248

Ein Abszess kann submukös, subperiostal oder sublingual vorkommen. Übersetzten Sie die Begriffe „submukös", „subperiostal" und „sublingual".

Aufgabe 249

Bringen Sie den Ablauf einer Abszesseröffnung in die richtige Reihenfolge.

(1) Offenhalten der Abszesshöhle durch Drainage ☐

(2) Eröffnung des Abszesses mit einem Skalpell ☐

(3) Anästhesie ☐

(4) Absaugen der Flüssigkeit ☐

(5) Spülung der Wunde ☐

5.3 Extraktion

Aufgabe 250

Die einfache Extraktion erfolgt unter Anästhesie mit Zangen und Hebeln. Nennen Sie je jeweils zwei Hebel und zwei Zangen.

Aufgabe 251

Ordnen Sie den Indikationen die Ziffer (1) für „Extraktion" und die Ziffer (2) für „Osteotomie" zu.

a) starke Lockerung des Zahnes 16 ☐

b) verlagerter Zahn 18 ☐

c) frakturierter Zahn 45 ☐

d) apikale Aufhellung in der Region trotz Wurzelspitzenresektion ☐

e) Entfernung des Wurzelrestes an Zahn 34 mit Skalpell ☐

Aufgabe 252

Welche Informationen geben Sie den Patientinnen und Patienten über das Verhalten nach chirurgischen Eingriffen? Nennen Sie drei Beispiele.

Aufgabe 253

Sie legen nach der Extraktion eine Naht. Wie können Sie diese abrechnen?

5.4 Operative Zahnentfernung

Aufgabe 254

Eine Osteotomie ist meist bei verlagerten oder retinierten Zähnen notwendig. Beschreiben Sie die Begriffe „verlagert“ und „retiniert“.

Aufgabe 255

Bringen Sie den Ablauf einer Osteotomie an Zahn 17 in die richtige Reihenfolge:

(1) Glätten der Knochenkanten ☐

(2) Anästhesie ☐

(3) Entfernen des Knochens mittels Fräse ☐

(4) Entfernen des Zahnes ☐

(5) Entfernen von Granulationsgewebe, evtl. kleiner Zysten ☐

(6) Inzision und Bildung eines Mukoperiostlappens ☐

(7) Freilegen des Zahnes, eventuell Teilung ☐

(8) Prüfen einer Mund-Antrum-Verbindung (MAV) ☐

(9) Naht ☐

Aufgabe 256

Sie können beim Legen einer Naht zwischen einem resorbierbaren und nicht-resorbierbaren Nahtmaterial wählen. Worin besteht der Unterschied?

5.5 Mund-Antrum-Verbindung

Aufgabe 257

Durch welche beiden Verfahren kann nach einer Zahnentfernung geprüft werden, ob eine Mund-Antrum-Verbindung (MAV) vorliegt?

Aufgabe 258

Nach der Extraktion des Zahnes 16 kommt die Patientin mit Beschwerden in die Praxis. Sie stellen eine MAV fest. Bringen Sie den Ablauf einer MAV in die richtige Reihenfolge.

(1) Schwenken des Schleimhaut-Periost-Lappens ☐

(2) Fixieren des Lappens und Legen der Naht ☐

(3) Anästhesie ☐

(4) Umschneiden des Schleimhaut-Periost-Lappens ☐

(5) Wundrandauffrischung ☐

(6) Lösen des Schleimhaut-Periost-Lappens ☐

Aufgabe 259

Welche Körperhöhle wird bei einer MAV eröffnet? (eine Angabe)

(1) Nasennebenhöhle
(2) Kieferhöhle
(3) Stirnbeinhöhle
(4) Keilbeinhöhle

5.6 Wurzelspitzenresektion

Aufgabe 260

Was wird bei einer Wurzelspitzenresektion (WSR) durchgeführt?

Aufgabe 261

Beschreiben Sie die möglichen Wurzelfüllungen „orthograd" und „retrogard" bei einer WSR.

Aufgabe 262

Müssen bei einer Wurzelspitzenresektion immer alle Wurzelspitzen entfernt werden? Begründen Sie Ihre Antwort.

Aufgabe 263

Nennen Sie zwei Gründe, warum eine Wurzelspitzenresektion medizinisch notwendig sein kann.

5.7 Zystenbehandlung

Aufgabe 264

Beschreiben Sie den Begriff „Zystostomie".

Aufgabe 265

Geben Sie die richtigen Aussagen an. (zwei Angaben)

Eine Zyste
(1) ist ein krankhafter Hohlraum.
(2) ist immer mit Flüssigkeit gefüllt.
(3) muss immer ganz entfernt werden.
(4) ist schmerzhaft.
(5) wächst schnell.

Aufgabe 266

Warum werden Zysten nach der Entfernung zur histopathologischen Untersuchung eingesendet?

Aufgabe 267

Welche Aussage stimmt?

Radikuläre Zysten
(1) entstehen an der Wurzel abgestorbener oder wurzelgefüllter Zähne.
(2) entstehen aus Epithelgewebe der Zahnanlage und entwickeln sich meistens an den Kronen retirierter Zähne.

5.8 Implantation

Aufgabe 268

Nenne zwei Voraussetzungen, damit eine Implantation durchgeführt werden kann.

Aufgabe 269

Welche Bereiche sollten allgemeinmedizinisch vor einer Implantation abgeklärt werden? (vier Angaben)

(1) Herz-Kreislauf-Erkrankungen
(2) Suchterkrankungen
(3) Osteoporose
(4) Letzter Sehtest
(5) Blutgerinnungsstörungen
(6) Hörgerät

Aufgabe 270

Bringen Sie den Ablauf einer Implantatbehandlung in die richtige Reihenfolge.

(1) Untersuchung, Planung ☐
(2) Freilegung ☐
(3) Einheilphase ☐
(4) prothetische Versorgung ☐
(5) Vorbehandlung ☐
(6) Implantation ☐

5.9 Verletzungen (Trauma-Behandlungen)

Aufgabe 271

Eine Verletzung wird als Trauma bezeichnet. Nennen Sie drei mögliche Bereiche von Verletzungen im Mundbereich.

Aufgabe 272

Am häufigsten kommen Zahnverletzungen vor. Hier gibt es oftmals Kronenfrakturen oder Wurzelfrakturen. Beschreiben Sie die beiden Begriffe: Kronenfraktur, Wurzelfraktur

---

Sachverhalt zu den Aufgaben 274 und 275

Ein Patient erscheint in der Praxis nach einem Fahrradsturz. Sie untersuchen den Patienten und führen die notwendige Behandlung durch.

Aufgabe 273

Die Lippe blutet stark und der Zahn 11 ist verdreht. Um welche zwei Bereiche der Verletzungen handelt es sich?

Lippe:	
Zahn:	

Aufgabe 274

Sie drehen den Zahn 11 wieder in die richtige Position und fixieren ihn anschließend durch eine Schienung. Wie lautet der Fachbegriff für die Einstellung in die richtige Position?

Aufgabe 275

Sie bekommen einen Anruf des Sekretariats der örtlichen Schule. Im Sportunterricht wurde bei einem Zusammenstoß zweier Schüler/-innen bei einer Person gerade ein Zahn ausgeschlagen. Die Sekretärin möchte wissen, wie sie nun vorgehen sollen. Was raten Sie ihr? (4 Angaben)

(1) Der Schüler soll bei starker Blutung auf eine Kompresse beißen.
(2) Es reicht, für den nächsten Tag einen Termin beim Zahnarzt zu vereinbaren.
(3) Der Zahn soll gesucht und nur an der Krone angefasst werden.
(4) Der Zahn muss sofort gereinigt werden.
(5) Der Zahn soll in kalte Milch oder sterile Kochsalzlösung eingelagert werden.
(6) Der Schüler oder die Schülerin soll sofort einen Zahnarzt aufsuchen.

5.10 Präprothetische Chirurgie

Aufgabe 276

Bei der präprothetischen chirurgischen Behandlung wird oftmals eine Verbesserung des Prothesenlagers angestrebt. Nennen Sie drei Beispiele für eine Verbesserung des Prothesenlagers.

Aufgabe 277

Bei der Präparation eines Zahnes zur Aufnahme einer Krone ist eine Exzision notwendig. Nennen Sie zwei Möglichkeiten, wie diese durchgeführt werden kann.

Aufgabe 278

Sie haben bei der Patientin vor drei Wochen im Unterkiefer mehrere Zähne gezogen. Nun sitzt die Prothese nicht richtig und bei der Untersuchung stellen Sie fest, dass der Alveolarkamm sehr unregelmäßig ist.

Welche Behandlung führen Sie durch?

(1) Alveotomie
(2) Knochenresektion

5.11 Tumorentfernung

Aufgabe 279

Kleine, gutartige Tumore können unter örtlicher Betäubung entfernt werden. Wie wird diese Behandlung bezeichnet?

Aufgabe 280

Die Entfernung eines Tumors erfolgt unter Lokalanästhesie. Bringen Sie den Ablauf in die richtige Reihenfolge.

(1) Lokalanästhesie ☐
(2) Naht ☐
(3) spindelförmige Umschneidung des Tumors ☐
(4) Einsendung an histopathologisches Institut ☐
(5) Entfernung des Tumors ☐

Aufgabe 281

Es gibt zwei verschiedene Arten von Tumoren: gutartige und bösartige. Nennen Sie den jeweiligen Fachbegriff.

Aufgabe 282

Beschreiben Sie die Tumorarten „gutartig“ und „bösartig“ mit je drei Eigenschaften.

6. Arzneimittellehre (Pharmakologie)

6.1 Begriffe und Erläuterungen

Aufgabe 283

Ordnen Sie die Ziffern der folgenden Begriffe der richtigen Definition zu:

(1) Arzneimittel
(2) Heilmittel
(3) Hilfsmittel
(4) Sprechstundenbedarf

Definitionen:

a) Anwendungen aus der Physio-, Logo- oder Ergotherapie sowie der Podologie ☐

b) Artikel wie beispielsweise Medikamente, die während der ambulanten Versorgung in der Praxis benötigt werden ☐

c) Stoffe oder Zubereitungen von Stoffen zur Heilung, Vorbeugung oder Diagnose einer Krankheit ☐

d) Gegenstände, die die Patienten und Patientinnen selbst nutzen, um eine Beeinträchtigung auszugleichen, z. B. Hörgerät, Rollator, Brille ☐

Aufgabe 284

Nennen Sie vier Gesetze oder Verordnungen, die den Umgang mit Arzneimitteln regeln.

Aufgabe 285

Welche Aussagen sind richtig? (drei Angaben)

(1) Freiverkäufliche Arzneimittel können ohne Verordnung und Fachberatung in Drogerien, Supermärkten und Apotheken verkauft werden.
(2) Apothekenpflichtige Arzneimittel müssen durch Ärztinnen und Ärzte verordnet werden.
(3) Die Abgabe von verschreibungspflichtigen Arzneimitteln ist im Betäubungsmittelgesetz geregelt.
(4) Betäubungsmittel werden auf besonderen Rezepten durch Ärztinnen und Ärzte verordnet.
(5) Apothekenpflichtige Arzneimittel dürfen nur in Apotheken verkauft werden.

Aufgabe 286

Übersetzen Sie folgende Begriffe:

Fachbegriff	Übersetzung
Dosis	
Indikation	
Applikation	
Kontraindikation	
Nebenwirkungen	
Wechselwirkungen	

6.2 Arzneimittelformen und Verabreichung

Aufgabe 287

Arzneimittel können nach ihrer Beschaffenheit in vier Gruppen eingeteilt werden. Ordnen Sie den Arzneimitteln die Ziffern der folgenden Konsistenzen zu:

(1) fest
(2) streichfähig
(3) flüssig
(4) gasförmig

Arzneimittel:

a) Dragee	
b) Tinktur	
c) Lösung	
d) Salbe	
e) Creme	
f) Kapsel	
g) Gel	
h) Gas (z.B. Lachgas)	
i) Zäpfchen/Suppositorien	
j) Aerosol	

Aufgabe 288

Die Verabreichung von Arzneimitteln (Applikation) kann auf zwei Wegen erfolgen. Unterscheiden Sie zwischen lokaler und systemischer Applikation.

Aufgabe 289

Übersetzen Sie die folgenden Termini:

Fachbegriff	deutsche Bezeichnung
oral, per os	
rektal	
sublingual	
Inhalation	
perkutan	

Aufgabe 290

Welche Aussagen zum First-Pass-Effekt treffen zu? (drei Angaben)

(1) Aufgrund des First-Pass-Effekts gelangt weniger Wirkstoff in den gesamten Blutkreislauf als verabreicht.
(2) Der Effekt kann durch parenterale, sublinguale oder rektale Gabe umgangen werden.
(3) Der Wirkstoff des Arzneimittels wird bereits im Magen abgebaut.
(4) Der Wirkstoff wird in der Leber bereits teilweise abgebaut.

6.3 Arzneimittelgruppen

Aufgabe 291

Ordnen Sie die Ziffern der Arzneimittelgruppen dem jeweiligen Anwendungsgebiet (Wirkung) zu:

(1) Antibiotika
(2) Antimykotika
(3) Hämostyptika
(4) Lokalanästhetika
(5) Antiseptika
(6) Antikoagulantia
(7) Antitussiva
(8) Antihypertonika
(9) Analgetika
(10) Hypnotika
(11) Vasokonstringentia
(12) Antipyretika
(13) Psychopharmaka
(14) Antiphlogistika
(15) Sedativa

Anwendungsgebiet/Wirkung:

a) gefäßverengend ☐

b) Schmerzmittel ☐

c) zur Beruhigung ☐

d) gegen bakterielle Infektionen ☐

e) Beeinflussung der Psyche ☐

f) Hemmung der Blutgerinnung ☐
g) gegen erhöhten Blutdruck ☐
h) örtliche Betäubung ☐
i) gegen Entzündungen ☐
j) gegen Pilze ☐
k) Schlafmittel ☐
l) fiebersenkend ☐
m) gegen Husten ☐
n) zur Blutstillung ☐
o) keimhemmend ☐

6.4 Arzneimittelverordnung

Aufgabe 292

Nennen Sie die neun Angaben, die Rezepte generell enthalten müssen.

Aufgabe 293

Nennen Sie die Angaben, die ein vertragszahnärztliches Rezept zusätzlich enthalten muss.

Aufgabe 294

Es werden klassischerweise drei Packungsgrößen von Arzneimitteln unterschieden. Bis zu welcher Dauer werden folgende Größen verschrieben?

Packungsgröße	Anwendungsdauer
N1	Behandlung bis ______Tage
N2	Behandlung bis _____Tage
N3	Behandlung bis _____ Tage

Aufgabe 295

Welche Aussagen zu den Rezeptarten sind korrekt? (drei Angaben)

(1) Das Privatrezept wird immer auf einem blauen Formular ausgestellt.
(2) Das Kassen-E-Rezept hat eine Gültigkeit von einem Quartal.
(3) Das „rezeptfreie" E-Rezept ist unbegrenzt gültig.
(4) Die GKV übernimmt die Kosten für rezeptfreie Arzneimittel.
(5) Rezepte über Betäubungsmittel müssen innerhalb von sieben Tagen eingelöst werden.
(6) Das Kassen-E-Rezept verliert seine Gültigkeit nach 28 bis 30 Tagen.

Aufgabe 296

Ordnen Sie die Ziffern der folgenden Rezeptarten der korrekten Gültigkeitsdauer zu.

(1) BtM
(2) Kassen-E-Rezept
(3) „rezeptfreies" E-Rezept
(4) privat

Gültigkeitsdauer:

a) unbegrenzt ☐

b) drei Monate ☐

c) sieben Tage ☐

d) 28 bis 30 Tage ☐

7. Blut und Immunsystem

7.1 Aufbau und Funktion

Aufgabe 297

Welche Aussagen zum Blut sind falsch? (zwei Angaben)

(1) Blut besteht aus flüssigen und festen Bestandteilen.
(2) Den größten Anteil des Blutes bildet Wasser.
(3) Den flüssigen Bestandteil des Blutes nennt man auch zellulären Bestandteil.
(4) Ca. 8 % des Körpergewichts eines Menschen sind Blut.
(5) Blutserum enthält Fibrinogen.

Aufgabe 298

Ordnen Sie zu, ob es sich um einen „flüssigen" (1) oder „zellulären" (2) Bestandteil handelt:

a) Erythrozyten ☐
b) Elektrolyte ☐
c) Plasma ☐
d) Thrombozyten ☐
e) Proteine (Eiweiße) ☐
f) Wasser ☐
g) Leukozyten ☐

Aufgabe 299

Unterscheiden Sie zwischen Plasma und Serum.

7.2 Blutzellen

Aufgabe 300

Ergänzen Sie die fehlenden Begriffe.

Deutsche Bezeichnung	Fachbegriff
	Leukozyten
rote Blutkörperchen	
Blutplättchen	

Aufgabe 301

Ordnen Sie die Ziffern der folgenden Aussagen den richtigen Blutzellen zu:

(1) Sie sind verantwortlich für den Sauerstoff- und Kohendioxidtransport.
(2) Ihre Hauptaufgabe ist die Immunabwehr.
(3) Ein Mangel führt zu Eisenmangelanämie oder Vitamin-B12-Mangel.
(4) Sie werden für den Wundverschluss benötigt.
(5) Sind diese Blutzellen von einer Erkrankung betroffen, nennt man das Leukämie.
(6) Ihre Lebensdauer beträgt 1–2 Wochen.
(7) Sie sind die größten Blutzellen.
(8) Ihre Lebensdauer beträgt ca. 120 Tage.

Blutzellen:

a) rote Blutkörperchen ☐

b) weiße Blutkörperchen ☐

c) Blutplättchen ☐

7.3 Blutgerinnung

Aufgabe 302

Bringen Sie den Ablauf der Blutgerinnung in die richtige Reihenfolge.

(1) Thrombozyten lagern sich an. ☐

(2) Fibrin sorgt für eine feste Thrombozytenstruktur. ☐

(3) Der Blutpfropf bildet sich. ☐

(4) Gefäße verengen sich. ☐

(5) Gerinnungsfaktoren werden aktiviert. ☐

7.4 Immunsystem und Lymphsystem

Aufgabe 303

Ordnen Sie zu, welche Aussagen zur unspezifischen Abwehr (1) und welche zur spezifischen Abwehr (2) passen.

a) Dieses Abwehrsystem wird erworben. ☐

b) Hierzu zählt die Magensäure. ☐

c) Ein wichtiger Bestandteil ist die Bildung von Antikörpern. ☐

d) Dieses Abwehrsystem ist angeboren. ☐

e) Krankheitserreger werden durch Phagozytose unschädlich gemacht. ☐

f) Bildung von Gedächtniszellen ☐

Aufgabe 304

Welche Aufgaben hat das Lymphsystem? (drei Angaben)

(1) Regulierung des Flüssigkeitshaushalts im Gewebe
(2) Bildung von Antikörpern
(3) Aufnahme von Nährstoffen
(4) Filterstation für Krankheitserreger und Krebszellen
(5) Abtransport für Abfallstoffe Richtung Leber und Nieren
(6) verantwortlich für den Gasaustausch

Aufgabe 305

Was gehört zum Lymphsystem? (6 Angaben)

(1) Magen
(2) Milz
(3) Leber
(4) Lymphgewebe im Darm
(5) Niere
(6) Thymus
(7) Lymphknoten
(8) Rachenmandeln
(9) Nase
(10) Lymphbahnen

8. Herz-Kreislauf-System

8.1 Herzaufbau und-funktion

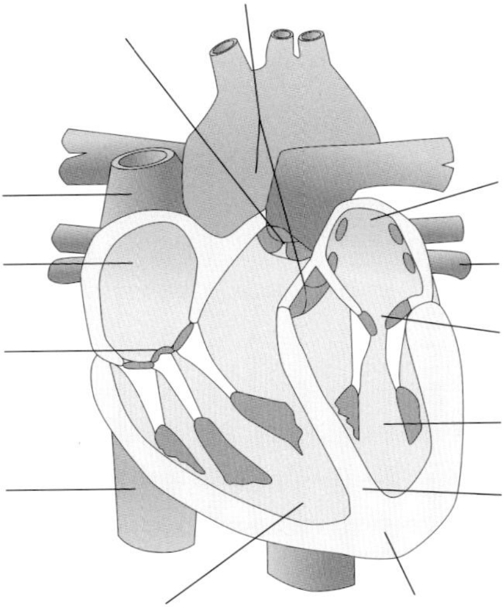

Aufgabe 306

Beschriften Sie die Abbildung mit den folgenden Begriffen:

(1) rechte Herzkammer
(2) Lungenvene
(3) untere Hohlvene
(4) Trikuspidalklappe (dreizipflige Segelklappe)
(5) Herzscheidewand
(6) obere Hohlvene
(7) linker Vorhof
(8) rechter Vorhof
(9) Mitralklappe (zweizipflige Segelklappe)
(10) Aortenklappe und Körperschlagader
(11) Lungenklappe (Pulmonalklappe)
(12) linke Herzkammer
(13) Herzspitze

Aufgabe 307

Benennen Sie Größe, Gewicht und Funktion des Herzens.

Aufgabe 308

Welche Reihenfolge der Erregungsleitung ist richtig? (eine Angabe)

(1) Sinusknoten – AV-Knoten – Tawara-Schenkel – Purkinje-Fasern – HIS-Bündel
(2) Sinusknoten – AV-Knoten – HIS-Bündel – Purkinje-Fasern – Tawara-Schenkel
(3) Sinusknoten – AV-Knoten – HIS-Bündel – Tawara-Schenkel – Purkinje-Fasern
(4) AV-Knoten – Sinusknoten – HIS-Bündel – Purkinje-Fasern – Tawara-Schenkel
(5) AV-Knoten – HIS-Bündel – Sinusknoten – Tawara-Schenkel – Purkinje-Fasern

Aufgabe 309

Mit welcher diagnostischen Maßnahme können die Vorgänge bei der Erregungsleitung aufgezeichnet werden?

Aufgabe 310

Unterscheiden Sie die zwei Herzphasen „Diastole“ und „Systole“.

8.2 Blutkreislauf

Aufgabe 311

Erläutern Sie den Unterschied zwischen Lungen- und Körperkreislauf.

Aufgabe 312

Ergänzen Sie die gesuchten Blutgefäße:

Definition	Blutgefäß
(1) Orte des Nährstoffaustauschs, Verbindung von Arteriolen und Venolen	

Definition	Blutgefäß
(2) Sie leiten das Blut zum Herzen hin.	
(3) Sie leiten das Blut vom Herzen weg.	

Aufgabe 313

Bringen Sie den Wandaufbau des Herzens in die richtige Reihenfolge. Beginnen Sie bei der innenliegenden Schicht.

(1) Myokard ☐

(2) Endokard ☐

(3) Perikard ☐

(4) Epikard ☐

Aufgabe 314

Ergänzen Sie den folgenden Lückentext zum Weg eines Erythrozyten durch den Körper.

a) Ein Erythrozyt gelangt über die obere und untere ________________ zum rechten ____________________.
b) Durch die __________________ gelangt er in die rechte ________________.
c) Im Anschluss wird der Erythrozyt durch die ________________ in die ________________ gedrückt. In der Lunge wird das Blut mit Sauerstoff angereichert.
d) Über die ________________ erreicht der Erythrozyt den linken ________________.
e) Er passiert die ____________________ und befindet sich dann in der rechten ____________________.
f) Durch die Kontraktion während der Systole wird der Erythrozyt durch die ____________ in die ______________ (große Körperschlagader) gedrückt. Von hier aus wird er irgendwo im Körper über ein __________________ in eine Vene gelangen.
g) Im Anschluss landet der Erythrozyt wieder in der __________ und dann im rechten ______________.

8.3 Pulsmessung

Aufgabe 315

Nennen Sie drei Körperstellen, an denen der Pulsschlag gut gemessen werden kann.

Aufgabe 316

Welche Aussagen zur Pulsmessung treffen zu? (drei Angaben)

(1) Die Pulsmessung erfolgt an den Körpervenen.
(2) Der Pulsschlag ist eine Druckwelle des Blutes, die bei der Kontraktion des Herzens entsteht.
(3) Der Puls von Neugeborenen ist ca. doppelt so hoch wie der von Erwachsenen.
(4) Als Bradykardie wird ein Wert über 100 Schläge pro Minute bezeichnet.
(5) Der Normwert liegt bei Erwachsenen zwischen 60 und 80 Schlägen pro Minute.
(6) Sportler und Sportlerinnen haben einen Normwert über 60 Schläge pro Minute.

Aufgabe 317

Erklären Sie die Abkürzungen „RR“ und „mmHg“.

8.4 Blutdruck und seine Messung

Aufgabe 318

Geben Sie den optimalen Blutdruck, den normal systolischen sowie den normal diastolischen Normwert an.

Blutdruck	Normwert
optimal	
normal systolisch	
normal diastolisch	

Aufgabe 319

Ab welchem Wert wird (1) von einer Hypotonie (erniedrigter Blutdruck) und (2) von einer Hypertonie (Bluthochdruck) gesprochen?

Bezeichnung	Normwert
(1) Hypotonie	
(2) Hypertonie	

9. Atmungssystem

Aufgabe 320

Beschriften Sie die folgende Abbildung.

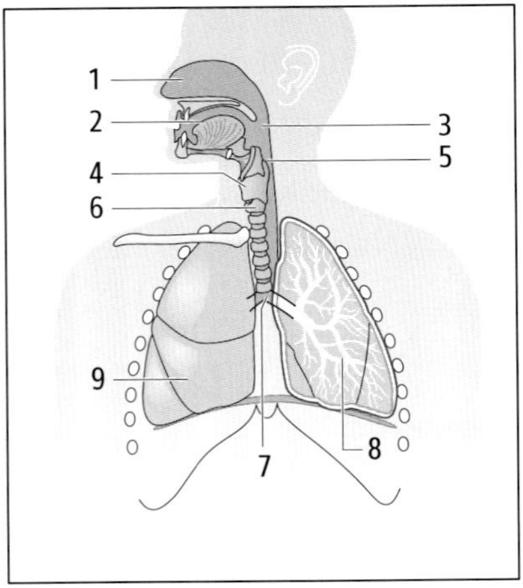

Aufgabe 321

Nennen Sie drei Funktionen der Nase.

Aufgabe 322

Ordnen Sie die Ziffern der Organe der entsprechenden Funktion zu:

(1) Lunge
(2) Zwerchfell
(3) Kehldeckel

(4) Kehlkopf
(5) Luftröhre
(6) Bronchien

Funktionen:

a) Verschluss der Luftröhre beim Schlucken ☐

b) Gasaustausch ☐

c) Weiterleitung der Atemluft ☐

d) Stimmbildung ☐

e) zum Dehnen der Lunge ☐

f) zum Verteilen der Luft in der Lunge ☐

Aufgabe 323

Übersetzen Sie die folgenden Fachbegriffe:

Fachbegriff	Deutsche Bezeichnung
Inspiration	
Exspiration	
Respiration	

Aufgabe 324

Unterscheiden Sie zwischen innerer und äußerer Atmung.

Aufgabe 325

Welche Aussage zur Atemluft ist falsch?

(1) Die Atemluft besteht zu 78 % aus Stickstoff.
(2) Der Anteil an Kohlenstoffdioxid liegt unter 1 %.
(3) Der größte Teil der Atemluft besteht aus Sauerstoff.
(4) Die Atemluft setzt sich aus Stickstoff, Sauerstoff, Edelgasen und Kohlenstoffdioxid zusammen.
(5) Die Atemluft wird beim Einatmen durch die Nase gereinigt, aufgewärmt und befeuchtet.
(6) Die Atemluft ist wesentlicher Bestandteil der äußeren Atmung.

C

PRÜFUNGSBEREICH 4: ORGANISIEREN DER VERWALTUNGSPROZESSE UND ABRECHNUNG VON LEISTUNGEN

C1 PRAXISORGANISATION

1. Verwaltung von Patientendaten

1.1 NFC-fähige (kontaktlose) elektronische Gesundheitskarte (eGK-G2)

Aufgabe 326

Zur Abrechnung der durchgeführten Behandlung müssen Kassenpatientinnen und -patienten vor der Behandlung in der Arztpraxis eine Versicherungskarte vorlegen. Welche Informationen der Krankenkasse sind auf der Karte gespeichert sein? Nennen Sie drei.

Aufgabe 327

Welche Daten können auf der neuen elektronischen Gesundheitskarte freiwillig gespeichert werden?

Aufgabe 328

Welche Dinge müssen vor dem Einlesen der eGK überprüft werden? (drei Angaben)

(1) Foto

(2) welche Krankenkasse

(3) Gültigkeit

(4) Unterschrift

(5) Versicherungsnummer

Aufgabe 329

Eine Patientin erscheint ohne Versicherungskarte zum Termin in der Praxis. Wie gehen Sie vor? (zwei Angaben)

(1) Sie fordern bei der KK eine Ersatzbescheinigung an.

(2) Das ist kein Problem, die Patientin soll die Karte einfach nachreichen.

(3) Die Patientin muss die Karte innerhalb von zehn Tagen nachreichen, ansonsten erhält sie eine Privatrechnung.

(4) Die Patientin muss ihren Personalausweis in der Praxis lassen, bis sie die Versicherungskarte vorlegt.

1.2 Elektronische Patientenakte (ePA)

Aufgabe 330

Seit 2021 gibt es die elektronische Patientenakte. Wer entscheidet, welche Daten in der Patientenakte gespeichert werden?

Aufgabe 331

Ist die Nutzung der Patientenakte verpflichtend oder freiwillig?

Aufgabe 332

Was benötigen Sie, um sich in Ihre elektronische Patientenakte einzuloggen? (zwei Angaben)

(1) Namen
(2) PIN
(3) E-Mail-Adresse
(4) Versicherungsnummer
(5) Versicherungskarte
(6) Personalausweis

Aufgabe 333

Nennen Sie drei Vorteile der elektronischen Patientenakte.

1.3 Karteiführung

Aufgabe 334

In manchen Praxen werden neben der papierlosen Karteikarte (Erfassen der Daten im Computer) auch noch handschriftliche Karteikarten geführt.

Welche Daten müssen auf der Karteikarte mindestens aufgeführt sein, damit es zu keiner Verwechslung von Patienten kommt? (fünf Angaben)

Aufgabe 335

Sie legen die Karteikarten in Papierform in Schubladen als Blockkartei ab. Wie sortieren Sie die Karteikarten?

(1) nach dem Geburtsdatum
(2) nach dem Datum des ersten Termins in der Praxis
(3) nach dem Alphabet

Aufgabe 336

Nennen Sie zwei Vorteile der papierlosen Karteiführung.

Aufgabe 337

Warum führen Sie eine Karteikarte? Geben Sie die richtigen Aussagen an. (drei Angaben)

(1) Dokumentationspflicht
(2) um die Unterlagen zu sortieren
(3) Gedächtnisstütze
(4) damit keine fliegenden Zettel vorhanden sind
(5) Abrechnung
(6) wurde schon immer so gemacht

Aufgabe 338

Wie lange müssen Sie Karteikarten aufbewahren?

Aufgabe 339

Wie entsorgen Sie alte Karteikarten richtig?

(1) Alles wird in die Papiertonne geworfen.
(2) Die Karten müssen geschreddert werden.
(3) Die Karten werden beim Sommerfest ins Lagerfeuer geworfen.
(4) Es wird notiert, welche Karteikarten entsorgt wurden.

1.4 EDV

Aufgabe 340

Um die Daten sicher zu verwalten, speichern und abzurechnen, wird in den meisten Praxen mit Computern gearbeitet. Hier wird zwischen Hardware und Software unterschieden.

Nennen Sie zu jedem Begriff je drei Beispiele.

Aufgabe 341

Was bedeutet der Begriff „Netzwerk“ im Zusammenhang mit der EDV?

Aufgabe 342

In einer Zahnarztpraxis werden für unterschiedliche Zwecke PCs eingesetzt. Nennen Sie für jeden der folgenden Bereiche ein Beispiel:

Einsatzbereich	Beispiel
Rezeption	
Behandlungszimmer	
Steri	
Röntgenraum	
Backoffice	

Aufgabe 343

Beschreiben Sie den Unterschied zwischen einem Betriebssystem und einer Praxissoftware.

Aufgabe 344

Nennen Sie drei Gründe, warum Sie in der Praxis Internet benötigen.

1.5 Datenschutz und Datensicherung

Aufgabe 345

Sie arbeiten in der Praxis täglich mit einer Vielzahl von Daten. Oftmals handelt es sich um personenbezogene Daten. Beschreiben Sie den Unterschied zwischen Stammdaten und Bewegungsdaten.

Aufgabe 346

Nennen Sie zwei Beispiele für gesetzliche Grundlagen, in denen der Umgang mit personenbezogenen Daten geregelt ist.

Aufgabe 347

Wie lange gilt die ärztliche Schweigepflicht?

Aufgabe 348

Um die Daten einer Patientin oder eines Patienten an einen Zahntechniker oder eine Zahntechnikerin zur Rechnungsstellung weiterzuleiten, benötigen Sie das Einverständnis der sich in Behandlung befindenden Person. Welches Formular lassen Sie die Person unterschreiben?

Aufgabe 349

Wie können Sie an der Rezeption dafür sorgen, dass der Datenschutz eingehalten wird? (drei Angaben)

(1) Bildschirmschoner aktivieren
(2) Patientinnen oder Patienten am Telefon immer laut mit Namen ansprechen
(3) keine personenbezogenen Gespräche an der Rezeption führen
(4) Unterlagen nicht offen herumliegen lassen
(5) Tür zum Wartezimmer immer offen lassen

Aufgabe 350

Wie können Sie den Bildschirm im Behandlungszimmer vor unerwünschten Einblicken schützen? Nennen Sie zwei Beispiele.

Aufgabe 351

Wie stellen Sie sicher, dass die Daten, die Sie den ganzen Arbeitstag über eingegeben haben, auch gespeichert sind?

Aufgabe 352

Womit können Sie sich schützen, damit Sie keine Daten verlieren? Nennen Sie zwei Beispiele.

1.6 Formularwesen

Aufgabe 353

Nennen Sie vier Formulare für Kassenpatientinnen und -patienten.

Aufgabe 354

Seit dem 01.10.2021 gilt die elektronische Arbeitsunfähigkeitsbescheinigung (eAU) für Kassenpatientinnen und -patienten. Welchen Ausdruck müssen Sie den erkrankten Personen trotzdem mitgeben?

Aufgabe 355

Wie erfolgt die Arbeitsunfähigkeitsbescheinigung bei Privatpatientinnen und -patienten?

Aufgabe 356

Welche Angaben müssen auf allen elektronischen Formularen der gesetzlich versicherten Patientinnen und -patienten angegeben sein? (vier Angaben)

(1) ABE-Nummer der Zahnärztin oder des Zahnarztes
(2) Geburtsdaten der Patientinnen und Patienten
(3) Tag der Behandlung
(4) Zahnarztnummer
(5) Uhrzeit der Ausstellung

Aufgabe 357

Um einen Zahnersatz herzustellen, wird bei Kassenpatientinnen und -patienten ein genehmigter Heil- und Kostenplan der Krankenkasse benötigt.

Bringen Sie den Ablauf in die richtige Reihenfolge.

(1) Planung, Besprechung ☐

(2) Genehmigung der Krankenkasse wird elektronisch an die Praxis übermittelt. ☐

(3) Abrechnung erfolgt mit Patientin oder Patient und Krankenkasse (KK). ☐

(4) Antrag wird elektronisch an die KK gesendet, Patient oder Patientin erhält einen Kostenvoranschlag über den Eigenanteil. ☐

(5) Behandlung wird durchgeführt. ☐

Aufgabe 358

Seit 01.01.2024 gilt das E-Rezept. Was hat sich bei den Angaben auf dem Rezept im Vergleich zum Papierrezept geändert?

Aufgabe 359

Nennen Sie drei Vorteile des E-Rezeptes im Vergleich zur Papierform.

Aufgabe 360

Welchen Vorteil bietet das Bonusheft für die Patientinnen und Patienten?

Aufgabe 361

Erklären Sie die vier möglichen Bonusstufen.

2. Arbeitsplatz Zahnarztpraxis

2.1 Arbeitsbereiche einer oder eines ZFA

Aufgabe 362

Auf welcher rechtlichen Grundlage dürfen Sie Aufgaben am Patienten von Ihrem Behandler oder Ihrer Behandlerin (Delegationsrahmen) übernehmen?

Aufgabe 363

Als Zahnmedizinische Fachangestellte unterliegen Sie der Schweigepflicht nach § 203 StGB. Welche Aussage ist korrekt? (eine Angabe)

(1) Es gibt keine Schweigepflicht gegenüber dem Arbeitgeber der Patientin oder des Patienten.
(2) Die Schweigepflicht gilt nur für zahnärztliche Befunde.
(3) Eine Schweigepflicht gilt nur für die Dauer des Beschäftigungsverhältnisses.
(4) Die Schweigepflicht gilt auch für Auskünfte am Telefon.

Aufgabe 364

Arbeitsbereiche der ZFA: Tragen Sie eine (1) für „zulässig" und eine (2) für „nicht zulässig" ein.

a) Zu Ihren Arbeitsbereichen zählt die Ordnung im Praxisvorgarten. ☐

b) Im Rahmen der Praxishygiene sorgen Sie für saubere Räume, Flächen usw. ☐

c) Das Auswechseln der Deckenlampe gehört zu Ihren Aufgaben. ☐

d) Die Installation des Wasserhahns gehört zu Ihren Aufgaben. ☐

e) Behandlungsabläufe zeitnah zu dokumentieren, ist eine wichtige Aufgabe als ZFA. ☐

Aufgabe 365

Der Händewaschplatz muss besondere Anforderungen erfüllen. Welche Aussage ist korrekt?

Zur Ausstattung gehört/gehören:

(1) Einmalhandtücher
(2) nur ein Seifenspender
(3) fließendes warmes Wasser
(4) Einweghandschuhe

Aufgabe 366

Was versteht man unter einer ergonomischen Arbeitsplatzgestaltung?

3. Mitarbeiterführung und Zeitplanung

3.1 Mitarbeiterführung

Aufgabe 367

Benennen Sie die Führungsstile, die in den Beschreibungen dargestellt werden.

Beschreibung	Führungsstil
Alle Entscheidungen und Weisungen erfolgen durch die Führungskraft. Die Angestellten haben die Weisungen zu akzeptieren und auszuführen.	
Die Angestellten handeln und entscheiden nach eigenem Ermessen. Eine Kontrolle erfolgt innerhalb des Teams, die Führungskraft verzichtet weitestgehend auf einen Eingriff in die Arbeitsabläufe.	
Die Führungskraft bezieht ihre Angestellten in sämtliche Entscheidungen mit ein. Die Mitbestimmung wird in allen Bereichen gelebt.	

Aufgabe 368

Nennen Sie drei Arten von Besprechungen im Team.

Aufgabe 369

Welche Aussagen zur Teambesprechung treffen zu? (vier Angaben)

(1) Teambesprechungen sollten regelmäßig durchgeführt werden.
(2) Teambesprechungen sollten während der Sprechzeit erfolgen.
(3) Ein Protokoll der Teambesprechung dient als Gedächtnisstütze und zur Information fehlender Teammitglieder.
(4) Der Ablauf der Teambesprechung entwickelt sich während der Sitzung.
(5) Die Dauer der Teambesprechung sollte vorab festgelegt werden.
(6) Die Teambesprechung sollte gut vorbereitet werden (z. B. Festlegung der Themen, Prioritäten setzen).

Aufgabe 370

Welche Aspekte sollten erfüllt sein, damit die Arbeit im Team gelingt? (vier Angaben)

(1) Es sollte eine Bereitschaft für Kompromisse vorliegen.
(2) Alle sollten bereit sein mitzuarbeiten.
(3) Kritik sollte sachlich formuliert und angemessen sein.
(4) Alle arbeiten für sich alleine.
(5) Probleme mit Teammitgliedern sollten immer zuerst mit dem Vorgesetzten besprochen werden.
(6) Es sollten regelmäßig Teambesprechungen durchgeführt werden.

Aufgabe 371

Bringen Sie die Phasen eines Konflikts in die richtige Reihenfolge.

(1) Emotionen werden gezeigt und der oder die andere wird kritisiert.	☐
(2) Lösungen werden nicht mehr gesucht, eisiges Schweigen herrscht.	☐
(3) Verschiedene Meinungen sind erkennbar.	☐
(4) Beteiligte suchen Verbündete, persönliche und verletzende Kritik wird geäußert, der Streit eskaliert.	☐

Aufgabe 372

Erklären Sie die Konfliktlösung mithilfe der PAC-Methode.

Aufgabe 373

Nennen Sie vier Belastungssituation, die Stress erzeugen können.

Aufgabe 374

Unterscheiden Sie zwei Arten von Stress.

Aufgabe 375

Welche Aussagen zum Stress sind richtig? (vier Angaben)

(1) Übermäßiger Stress kann zu Erschöpfung und Reizbarkeit führen.
(2) Körperliche Beschwerden können Stress als Ursache haben.
(3) Stress kann durch die Verlängerung der Arbeitszeiten reduziert werden.
(4) Eine gute Work-Life-Balance kann zu einer Abnahme von Stress führen.
(5) Gesunde und ausgewogene Ernährung sowie regelmäßige Bewegung machen den Körper widerstandsfähiger gegen Stress.
(6) Probleme mit Kolleginnen und Kollegen können zu Eustress führen.

Aufgabe 376

Nennen Sie vier Maßnahmen, die die Arbeitszufriedenheit steigern können.

Aufgabe 377

Nennen Sie vier Möglichkeiten, Konflikte zu vermeiden.

3.2 Zeitplanung

Aufgabe 378

Ordnen Sie den folgenden Punkten zu, ob es sich um ein planbares (1) oder nicht planbares (2) Ereignis bei der Terminplanung handelt.

a) Sprechzeiten ☐
b) kurzfristige Erkrankung ☐
c) Renovierung ☐
d) Sonderurlaub ☐
e) Pufferzeiten ☐
f) Urlaub ☐
g) Elternzeit ☐
h) Arbeitszeiten ☐
i) Reinigung ☐
j) Stromausfall ☐
k) Schmerzpatienten/Schmerzpatientinnen ☐
l) Absagen ☐

Aufgabe 379

Nennen Sie drei Arten von Bestellsystemen.

Aufgabe 380

Welche zwei Aussagen zur Terminplanung sind falsch? (zwei Angaben)

(1) Pufferzeiten führen dazu, dass Zeitverschiebungen ausgeglichen werden, wenn ein Patient oder eine Patientin einmal länger behandelt werden muss als geplant.
(2) Patienten und Patientinnen ohne Termin sollten immer länger warten als mit Termin, Notfälle ausgenommen.
(3) Termine dürfen nur vier Wochen im Voraus vergeben werden.
(4) Die Personaleinsatzplanung muss bei der Terminplanung berücksichtigt werden.

(5) Die Patienten und Patientinnen sollten bereits bei der Terminvergabe nach ihrem Anliegen befragt werden.
(6) Es bietet sich an, für alle Patienten und Patientinnen die gleiche Zeit einzuplanen.

Aufgabe 381

Welches Bestellsystem wird hier beschrieben?

Beschreibung	Bestellsystem
a) Patient/-innen erscheinen ohne vorherige Anmeldung und werden entsprechend der Reihenfolge oder der Dringlichkeit behandelt.	
b) Zu bestimmten Zeiten findet das Patientenbestellsystem Anwendung, ansonsten wird das Sprechstundensystem durchgeführt.	

Aufgabe 382

Nennen Sie drei Vorteile für die Verwendung des Bestellsystems in der Zahnarztpraxis.

Aufgabe 383

Welche der folgenden Maßnahmen führt nicht zur Verringerung von Wartezeiten?

(1) Einführung von Pufferzeiten bei der Terminvergabe
(2) Zeitvorgaben für die einzelnen Patient/-innen werden eingehalten.
(3) Es gibt eine Telefonsprechstunde mit festen Uhrzeiten.
(4) Unpünktliche Patient/-innen werden darauf hingewiesen, in Zukunft den vereinbarten Termin einzuhalten.
(5) Notfallpatienten werden sofort behandelt.

Aufgabe 384

Nennen Sie vier Aspekte, die bei der Gestaltung von Dienstplänen berücksichtigt werden müssen.

Aufgabe 385

Unterscheiden Sie zwischen Jobrotation und Spezialisierung.

Aufgabe 386

Nennen Sie die gesetzlichen Grundlagen, denen die Urlaubsdauer entnommen werden kann.

Aufgabe 387

Welche Aussagen zur Urlaubsplanung sind korrekt? (vier Angaben)

(1) Bei vorliegender eAU werden die Krankheitstage nicht von den Urlaubstagen abgezogen.
(2) Sonderurlaub dient der persönlichen und beruflichen Weiterbildung.
(3) Für die Zeit des Urlaubes wird zusätzlich Urlaubsgeld gezahlt.
(4) Zusätzlich zum gesetzlichen Urlaub wird z. B. beim Tod eines Verwandten ersten Grades Sonderurlaub gewährt.
(5) Während des Urlaubs erhält man sein Arbeitsentgelt.
(6) Urlaubsgeld ist eine Sonderzahlung zusätzlich zum Arbeitsentgelt.

Aufgabe 388

Nennen Sie die gesetzlichen Vorgaben, die bei der Urlaubsplanung zu beachten sind.

4. Qualitätsmanagement (QM)

4.1 Grundgedanken

Aufgabe 389

Welche Vorteile hat das QM für die Zahnarztpraxis? Nennen Sie drei.

Aufgabe 390

Welche Ziele hat das QM in der Zahnarztpraxis? (drei Angaben)

(1) Patientenzufriedenheit
(2) Mehrarbeit
(3) fehlerfreie Abläufe
(4) Arbeitsplatzbeschaffung
(5) klare Zuständigkeiten

Aufgabe 391

Die Praxisleitung hat ein Praxisleitbild erstellt. Was sollte in dem Leitbild erfasst sein? Nennen Sie drei Beispiele.

Aufgabe 392

Wozu dient das Leitbild der Praxis?

Aufgabe 393

Wer kontrolliert, ob Sie ein QM-System eingeführt haben?

4.2 QM-Systeme

Aufgabe 394

Ihre Praxis hat ein veraltetes QM-System oder wegen Neugründung noch gar kein QM-System. Sie haben keine Zeit und kein Personal, um ein QM-System einzuführen. Sind Sie dazu verpflichtet?

Aufgabe 395

Sie möchten in Ihrer Praxis ein QM-System einführen. Auf welche Punkte müssen Sie achten? (eine Angabe)

(1) Es muss ein bestehendes System eingeführt werden.
(2) Es gibt nichts zu beachten.
(3) Das QM-System muss von einer externen Firma erstellt werden.
(4) Die Praxis kann selbst ein QM-System erstellen.

Aufgabe 396

Durch wen sind die Mindestanforderungen an ein QM-System definiert?

Aufgabe 397

Muss das QM-System Ihrer Praxis zertifiziert sein?

4.3 Instrumente des einrichtungsinternen QM

Aufgabe 398

Nennen Sie drei Instrumente des QM im Bereich der Arbeitsprozesse.

Aufgabe 399

Ordnen Sie die Instrumente den Bereichen „Mitarbeiter/-in" (1) und „Patient/-in" (2) zu.

a) Fortbildungsmaßnahmen ☐

b) Patientenbefragungen ☐

c) Beschwerdemanagement ☐

d) Teambesprechungen ☐

4.4 Qualitätsbereiche

Aufgabe 400

Die Qualität unterscheidet sich in drei verschiedene Bereiche. Nennen Sie diese.

Aufgabe 401

Ordnen Sie die folgenden Beispiele (1) bis (3) den entsprechenden Qualitätsbereichen zu.

(1) Strukturqualität
(2) Prozessqualität
(3) Ergebnisqualität

Qualitätsbereiche:

a) Weiterbildung ☐

b) Anamneseerhebung ☐

c) Mitarbeiterbefragung ☐

d) Fehlerprotokoll ☐

e) bauliche Ausstattung ☐

4.5 Qualitätsverbesserung (PDCA-Zyklus)

Aufgabe 402

Um die Qualität der Praxis stets zu verbessern, gibt es den PDCA-Zyklus. Benennen Sie die einzelnen Buchstaben und beschreiben Sie diese mit Stichpunkten.

P	
D	
C	
A	

Aufgabe 403

Wie oft führen Sie den PDCA-Zyklus in einem Bereich durch?

Aufgabe 404

Sie haben ein Problem im Ablauf der Terminvereinbarung entdeckt und möchten dieses mit dem PDCA-Zyklus analysieren. Wer sucht nach einer Lösung für diesen Bereich?

(1) nur die Praxisleitung
(2) nur die Rezeptionsmitarbeiter
(3) das gesamte Team

4.6 Qualitätsziele

Aufgabe 405

Sie haben sich Ziele im QM gesetzt. Was möchten Sie damit erreichen?

(1) eine stetige Verbesserung
(2) die Beibehaltung des aktuellen Standards

Aufgabe 406

Wer definiert die Ziele in der Praxis?

Aufgabe 407

Wie oft sollten Sie die Ziele der Praxis überprüfen?

(1) Sie werden zur Gründung einmalig festgelegt.
(2) jeden Monat
(3) jährlich

4.7 Regelung von Verantwortlichkeiten und Zuständigkeiten

Aufgabe 408

In welchem Dokument ist geregelt, welche Verantwortlichkeiten Sie in der Praxis haben?

Aufgabe 409

Nach welchen Kriterien werden die Aufgaben in der Praxis sinnvollerweise vergeben? (zwei Angaben)

(1) Jede mitarbeitende Person kann auswählen, was ihr am meisten Spaß macht.
(2) Die jeweiligen Qualifikationen spielen eine Rolle.
(3) Die persönliche Kompetenz in dem jeweiligen Bereich ist wichtig.
(4) Jede Person kann immer alle Bereiche übernehmen.

Aufgabe 410

Sie haben Ihre Ausbildung erfolgreich abgeschlossen und bleiben in der Praxis. Muss Ihre Stellenbeschreibung angepasst werden? Begründen Sie.

4.8 Schnittstellenmanagement

Aufgabe 411

Es gibt Schnittstellen innerhalb und außerhalb der Praxis. Nennen Sie je zwei Beispiele.

innerhalb	außerhalb
1.	1.
2.	2.

Aufgabe 412

Sie müssen vor der Extraktion eines Zahnes wissen, ob eine Patientin blutverdünnende Medikamente nimmt. Die Patientin ist aufgeregt und kann es Ihnen leider nicht sagen. Wie kann Ihnen das Schnittstellenmanagement helfen?

Aufgabe 413

Eine Patientin übergibt der Mitarbeiterin an der Rezeption den Bericht vom Notdienstarzt, den sie am Wochenende aufgesucht hat. Die Mitarbeiterin legt den Bericht auf den Stapel der Dokumente, die eingescannt werden sollen. Als die Patientin zur Behandlung aufgerufen wird, weiß im Behandlungszimmer niemand so recht, was zu tun ist.

Wo ist der Fehler passiert? Wie hätte die Mitarbeiterin der Rezeption vorgehen müssen, damit das interne Schnittstellenmanagement funktioniert?

4.9 Hilfsmittel

Aufgabe 414

Um verschiedene Abläufe immer gleich zu gestalten, können wir hierfür bestimmte Hilfsmittel verwenden. Nennen Sie drei Hilfsmittel, in denen Sie in der Praxis nachsehen können, wie ein Ablauf funktioniert.

Aufgabe 415

Sie sollen für die Vorbereitung des Behandlungszimmers zur eingehenden Untersuchung eine Checkliste erstellen. Wie gehen Sie vor?

(1) Ich schreibe die Checkliste anhand meiner gesammelten Stichpunkte. ☐

(2) Ich gebe die Liste an meine Chefin zur Überprüfung. ☐

(3) Ich notiere mir alle benötigten Instrumente. ☐

(4) Ich notiere mir die einzelnen Arbeitsschritte der Vorbereitung. ☐

(5) Die Liste wird in das QM aufgenommen. ☐

Aufgabe 416

Warum werden für bestimmte Abläufe und Dokumentationen oftmals gleiche Formularvorlagen verwendet? (zwei Angaben)

(1) Sie erleichtern das Erfassen von Informationen.
(2) Symbole in den Formularen enthalten weitere Informationen.
(3) Übersichtlichkeit wird erreicht.
(4) Es fehlt die Zeit, um neue anzulegen.

Aufgabe 417

Wozu dienen im QM Diagramme?

4.10 Fortbildungs- und Schulungsmaßnahmen

Aufgabe 418

Der Praxisinhaber schickt grundsätzlich keine Mitarbeiterinnen und Mitarbeiter auf Schulungen, da ihm das zu teuer ist. Wer eine Fortbildung machen möchte, kann dies gerne in seiner Freizeit auf eigene Kosten machen. Darf er das so bestimmen? Begründen Sie.

Aufgabe 419

Sie werden nach Abschluss Ihrer Ausbildung in der Praxis übernommen und möchten den Bereich der Rezeption/Verwaltung übernehmen. Nun lesen Sie von einer Fortbildung zur/zum Hygienebeauftragten, die Sie gerne machen würden. Ist dies sinnvoll?

Aufgabe 420

Wie bestimmen Sie in der Praxis den Schulungs- und Fortbildungsbedarf optimal? (zwei Angaben)

(1) Jede Beschäftigte der Praxis kann die Fortbildung machen, die sie möchte.
(2) Keiner ist verpflichtet, eine Fortbildung zu machen.
(3) Die jeweiligen Verantwortlichkeiten und Kenntnisse der angestellten Personen werden regelmäßig überprüft.
(4) In Mitarbeitergesprächen werden Wünsche abgefragt.

4.11 Mitarbeiterzufriedenheit

Aufgabe 421

Wie können Sie die Mitarbeiterzufriedenheit feststellen? Nennen Sie zwei Beispiele.

Aufgabe 422

Nennen Sie drei Beispiele, um die Mitarbeiterzufriedenheit zu erhöhen.

Aufgabe 423

Wie oft sollten Sie Mitarbeitergespräche führen?

4.12 Patientenzufriedenheit

Aufgabe 424

Sie möchten die Zufriedenheit der Patientinnen und Patienten mit der Praxis überprüfen. Wie machen Sie dies?

Aufgabe 425

Nennen Sie drei mögliche Fragen für die Patientenbefragung.

Aufgabe 426

Welche Daten der Patientinnen und Patienten dürfen Sie bei der Patientenbefragung abfragen? (drei Angaben)

(1) Name
(2) Anschrift
(3) Alter
(4) Wohnort
(5) Familienstand

Aufgabe 427

Warum helfen Ihnen statistische Daten zur Person bei der Auswertung des Bogens?

Aufgabe 428

Über welchen Zeitraum ist eine Patientenbefragung sinnvoll?

(1) vier Wochen
(2) zwei Monate
(3) ein halbes Jahr

4.13 Beschwerdemanagement

Aufgabe 429

Ein Patient beschwert sich bei Ihnen über die lange Wartezeit im Wartezimmer. Wie gehen Sie mit der Beschwerde um?

(1) Sie sagen es ihrer Kollegin, sie kümmert sich darum.
(2) Sie machen nichts weiter, das kommt öfter vor.
(3) Sie notieren sich die Beschwerde für die nächste Teambesprechung.

Aufgabe 430

Der Patient spricht bei der Beschwerde sehr laut und unhöflich mit Ihnen. Wie verhalten Sie sich?

Aufgabe 431

Welche Ergebnisse können durch ein gutes Beschwerdemanagement erzielt werden? Nennen Sie zwei Beispiele.

4.14 Patienteninformation und -aufklärung

Aufgabe 432

Sie stellen Ihren Patientinnen und Patienten Informationen zu Behandlungen zur Verfügung. Legen Sie die Informationen für alle ins Wartezimmer oder stellen Sie diese den Patientinnen und Patienten bei Bedarf individuell zur Verfügung? Begründen Sie.

Aufgabe 433

Warum sollten Sie die Patienteninformationen nicht aus dem Internet oder von anderen Praxen genauso übernehmen?

Aufgabe 434

Sie möchten in Ihrer Praxis eine Aligner-Therapie als Behandlung anbieten. Wann informieren Sie Ihre Patientinnen und Patienten über das zusätzliche Angebot?

(1) sofort nach der Entscheidung
(2) wenn es am Personal getestet wurde
(3) nach der entsprechenden Fortbildung

4.15 Fehlermanagement und Fehlermeldesysteme

Aufgabe 435

Der Autoklav oder Sterilisator konnte nicht ordnungsgemäß durchlaufen, da ein Fehler im Programm vorliegt.

Wie gehen Sie mit der Meldung dieses Fehlers um?

(1) Sie schalten den Steri erneut ein, dann klappt es bestimmt.
(2) Sie notieren den Fehler auf einer Sammelkarte.
(3) Da Sie gerade keine Zeit haben, geben Sie den Fehler an eine Kollegin oder einen Kollegen weiter.

Aufgabe 436

Sie haben in den letzten Tagen festgestellt, dass immer öfter Patientinnen und Patienten mit falschen Terminzetteln in der Praxis erscheinen und möchten den Fehler finden.

Wie gehen Sie vor? Ordnen Sie den folgenden Aussagen ein (r) für „richtig" und ein (f) für „falsch" zu.

a) Sie beobachten den Fehler die nächsten vier Wochen lang. ☐

b) Sie legen eine Tabelle an, um zu notieren, welche Bereiche es betrifft. ☐

c) Sie notieren sich die Patientennamen. ☐

d) Sie prüfen, wer die Termine vereinbart hat. ☐

e) Sie machen aktuell nichts weiter und beobachten, ob der Fehler nochmals auftritt. ☐

Aufgabe 437

Sie haben den Fehler gefunden und möchten ihn beheben. Was tun Sie?

(1) Sie besprechen es mit jeder einzelnen Person.
(2) Sie informieren darüber in der nächsten Teambesprechung.
(3) Sie geben die Information an die Praxisleitung weiter, denn sie muss sich darum kümmern.

4.16 Notfallmanagement

Aufgabe 438

Welche Maßnahmen sollten getroffen werden, damit Sie in einem Notfall richtig reagieren? Nennen Sie zwei Beispiele.

Aufgabe 439

Sie müssen bei einem Notfall in der Praxis den Rettungsdienst alarmieren. Sie sind sich aber in der Aufregung nicht sicher, was Sie alles angeben müssen. Welches Dokument hilft Ihnen?

(1) Medikamentenplan der Patientin/des Patienten
(2) Checkliste „Anruf bei Notfall“
(3) Datenschutz der Patientin/des Patienten

4.17 Hygienemanagement

Aufgabe 440

Nennen Sie drei Verordnungen oder Gesetze, in denen Hygieneabläufe geregelt sind.

Aufgabe 441

Sie haben für die Instrumentendesinfektion ein neues Reinigungsmittel eingeführt. In welchem Dokument müssen Sie dies eintragen?

Aufgabe 442

Wie können Sie in der Praxis dafür sorgen, dass die Geräte zur Reinigung und Sterilisation einwandfrei funktionieren? (zwei Angaben)

(1) regelmäßige Wartung
(2) regelmäßige Erneuerung der Geräte
(3) tägliche Pflege nach Anweisung des Herstellers
(4) Die alleinige Zuständigkeit dafür liegt bei der oder dem Hygienebeauftragten.

4.18 Arzneimitteltherapiesicherheit

Aufgabe 443

Die behandelnde Person verschreibt einer Patientin oder einem Patienten nach der Implantation ein Antibiotikum und Schmerzmittel. Was müssen Sie beachten? (zwei Angaben)

(1) Kontrolle des Medikationsplanes wegen möglicher Nebenwirkungen
(2) Prüfen, ob Allergien vorliegen
(3) Sie müssen nichts beachten, wenn die Patientin keine Angaben macht.

Aufgabe 444

Warum kontrollieren Sie, ob die Patientin oder der Patient noch weitere Medikamente einnimmt und welche sie nimmt?

4.19 Schmerzmanagement

Aufgaben 445

Welches Ziel verfolgt das Schmerzmanagement in der Zahnarztpraxis?

Aufgabe 446

Ein Patient mit starken Schmerzen benötigt dringend einen Termin. Sie haben heute und morgen aber keine Möglichkeit, den Patienten einzuplanen. Wie können Sie dies zukünftig vermeiden?

Aufgabe 447

Für Schmerzpatienten und -patientinnen werden in Ihrer Praxis täglich kurze Behandlungszeiten freigehalten. Wie gehen Sie vor, wenn eine längere Behandlung erforderlich ist? (eine Angabe)

(1) Sie führen die notwendige Behandlung komplett durch.
(2) Die Personen im Wartezimmer werden über die längere Wartezeit informiert.
(3) Sie machen nur eine Schmerzbehandlung und vereinbaren einen neuen, zeitnahen Termin.
(4) Sie machen keine Behandlung, verschreiben nur ein Schmerzmittel und vergeben einen neuen Termin.

Aufgabe 448

Was können Sie in der Praxis aktiv im Bereich Schmerzmanagement für die Patientinnen und Patienten anbieten?

(1) regelmäßige Kontrolltermine
(2) kurzfristige Termine
(3) Schmerzmittel auf Anruf

4.20 Sturzprophylaxe

Aufgabe 449

Um Stürze in der Praxis zu vermeiden, sollte die Praxis regelmäßig auf mögliche Gefahren untersucht werden. Wodurch können Stürze von Patientinnen und Patienten vermieden werden? Nennen Sie zwei Beispiele.

Aufgabe 450

Für Sie als Praxispersonal entstehen bei der Verwendung von Leitern und Tritten auch Sturzgefahren. Wodurch kann für diese Fälle „Arbeitssicherheit“ erreicht werden?

Aufgabe 451

Im Winter können Stürze durch weitere Gefahrquellen ausgelöst werden und müssen daher beachtet werden. Nennen Sie mindestens eine.

4.21 Dokumentation

Aufgabe 452

Wo werden alle Dokumente zum QM abgelegt?

Aufgabe 453

Nach welchem System werden die Dokumente sinnvollerweise abgelegt?

(1) Aktuelle Formulare werden immer vorn einsortiert.
(2) Die Formulare werden nach einzelnen Bereichen abgelegt: z. B. Personal, Hygiene etc.
(3) Die Formulare werden nach Typ abgelegt: z. B. alle Checklisten zusammen, alle Arbeitsanweisungen zusammen etc.

Aufgabe 454

Wie oft wird die Dokumentation aktualisiert?

(1) Einmal anlegen reicht aus.
(2) Wenn sich eine Änderung ergibt, wird diese eingefügt.
(3) Einmal im Jahr werden alle Formulare neu angelegt.

Aufgabe 455

Was machen Sie mit Formularen, die aktualisiert wurden?

(1) Diese werden fachgerecht entsorgt.
(2) Diese werden in einem separaten Ordner abgelegt.

4.22 Außendarstellung

Aufgabe 456

Ihre Praxis hat sich dafür entschieden, Ihr QM zertifizieren zu lassen. Nennen Sie zwei Vorteile der Zertifizierung.

Aufgabe 457

Wie lange ist die Zertifizierung gültig?

Aufgabe 458

Hängen Sie das Zertifikat in Ihrem Wartezimmer aus oder heften Sie es in Ihrem QM-Ordner ab? Begründen Sie.

5. Schriftgutbearbeitung

5.1 Postbearbeitung

Aufgabe 459

Nennen Sie die vier Briefformen der Deutschen Post AG.

Aufgabe 460

Ordnen Sie den Erklärungen a) bis e) die korrekte Variante der Zusatzleistung Einschreiben (1) bis (5) zu.

(1) Einschreiben Standard
(2) Einschreiben Einwurf

(3) Einschreiben Eigenhändig
(4) Einschreiben Rückschein
(5) Einschreiben Wert

Erklärungen:

a) Die Post bestätigt deinen Einwurf in den Briefkasten oder in das Postfach von Empfängerin oder Empfänger. ☐

b) Die Zustellung erfolgt persönlich gegen Unterschrift von Empfängerin oder Empfänger oder einer empfangsberechtigten Person. ☐

c) Die Zustellung erfolgt persönlich gegen Unterschrift von Empfängerin oder Empfänger oder einer schriftlich bevollmächtigten Person. ☐

d) Zur Versendung von Gegenständen bis 500,00 € oder Bargeld bis 100,00 € ☐

e) Die Zustellung erfolgt persönlich gegen Unterschrift von Empfängerin oder Empfänger oder einer empfangsberechtigten Person, die Empfangsbestätigung wird dem Absender zugesendet. ☐

Aufgabe 461

Nennen Sie drei Ersatzempfänger oder -empfängerinnen für ein Standard-Einschreiben, z. B. der Deutschen Post DHL-Group (andere Versanddienste sind z. B. DPD, Postcon, Hermes etc.).

Aufgabe 462

Welcher Aufbau eines Briefes ist richtig?

(1) Betreffzeile – Anrede – Anschreiben – Grußformel – Briefkopf
(2) Briefkopf – Anrede – Betreffzeile – Anschreiben – Grußformel
(3) Briefkopf – Betreffzeile – Anrede – Anschreiben – Grußformel
(4) Briefkopf – Grußformel – Betreffzeile – Anrede – Anschreiben
(5) Anschreiben – Betreffzeile – Grußformel – Briefkopf – Anrede
(6) Grußformel – Anschreiben – Betreffzeile – Briefkopf – Anrede

Aufgabe 463

Bringen Sie die Bearbeitungsschritte beim Posteingang in die richtige Reihenfolge.

a) Öffnen ☐

b) Vorsortieren ☐

c) Kontrollieren ☐

d) Sortieren ☐

e) Weiterbearbeiten ☐

f) Zustellung ☐

g) Stempeln ☐

h) Verteilen ☐

Aufgabe 464

Welche Aussagen zum Posteingang sind richtig? (vier Angaben)

(1) Briefe mit der Adressierung „eigenhändig", „z. Hd." oder „persönlich" gehören zur Privatpost.
(2) Briefe mit der Adressierung „eigenhändig", „persönlich" dürfen nicht geöffnet werden.
(3) Briefe, bei denen die Praxis zuerst genannt wird, dürfen geöffnet werden.
(4) Briefe, bei denen der Empfänger oder die Empfängerin vor der Praxis genannt wird, dürfen nicht geöffnet werden.
(5) Eine Postvollmacht ermächtigt die Mitarbeiter und Mitarbeiterinnen, Sendungen entgegenzunehmen, die eigentlich nur der Praxisinhaber bzw. die Praxisinhaberin entgegennehmen dürfte.
(6) Eine Postvollmacht ermächtigt die Mitarbeiter und Mitarbeiterinnen, die Privatpost zu öffnen.

Aufgabe 465

Bringen Sie den Ablauf des Postausgangs in die richtige Reihenfolge.

(1) Abgabe ☐

(2) Sortieren ☐

(3) Kontrolle ☐

(4) Kuvertieren + Schließen ☐

(5) Wiegen ☐

(6) Sammeln der Dokumente ☐

(7) Falzen ☐

(8) Frankieren ☐

(9) Prüfen ☐

5.2 Wertstufen

Aufgabe 466

Ordnen Sie den Schriftgütern die jeweilige Wertstufe (Prüfwert, Tageswert, Gesetzeswert oder Dauerwert) hinsichtlich ihrer Aufbewahrungszeit zu.

Schriftgut	Wertstufe
(1) Karteikarte des Patienten Ingo Maier	
(2) Angebot über Wartezimmerstühle	
(3) Mietvertrag der Praxisräume	
(4) Werbung des Dentaldepots	
(5) Kassenarztzulassung	
(6) Bewerbungsschreiben	

5.3 Ordnungssysteme

Aufgabe 467

Ordnen Sie den verschiedenen Ordnungssystemen die entsprechende Systematik zu, nach der geordnet wird.

Ordnung

(1) nach Buchstaben
(2) nach Datum
(3) nach Zahlen
(4) nach Themen
(5) mit Merkhilfen
(6) nach Farben
(7) nach Zahlen und Buchstaben

Ordnungssysteme:

a) numerisch ☐

b) farbig ☐

c) alphabetisch ☐

d) alphanumerisch ☐

e) chronologisch ☐

f) sachlich ☐

g) mnemotechnisch ☐

Aufgabe 468

Nennen Sie vier Ablagesysteme für Schriftgut.

6. Gesetzlich Krankenversicherte (GKV)

6.1 Abrechnungsgrundlagen

Aufgabe 469

Bei gesetzlich versicherten Patientinnen und Patienten werden die Leistungen nach dem BEMA abgerechnet. Was bedeutet BEMA?

Aufgabe 470

Der BEMA ist in fünf Leistungsbereiche unterteilt. Wie heißen die fünf Bereiche?

Aufgabe 471

Ordnen Sie die fünf Bereiche den entsprechenden Abrechnungszahlen zu:

Leistungsbereiche	Abrechnungszahl
KCH	
PA	
KBR	
ZE	
KFO	

Aufgabe 472

Welche drei Kriterien müssen Leistungen, die über die Versicherungskarte abgerechnet werden, laut den Richtlinien der Krankenkassen erfüllen?

Aufgabe 473

Wie setzt sich das Honorar des Zahnarztes in der BEMA zusammen?

(1) Honorar = Bewertungszahl x Punktwertung
(2) Honorar = Punktwert x Anzahl der Leistung
(3) Honorar = Bewertungszahl x Behandlungszeit

Aufgabe 474

Wo ist die Abrechnung der Leistungen nach BEMA gesetzlich geregelt?

6.2 Abrechnungszeiträume

Aufgabe 475

Die Leistungen der BEMA werden nach den Leistungsbereichen zu unterschiedlichen Zeiträumen mit der KZV abgerechnet. Ordnen Sie die entsprechenden Zeiträume den Leistungsbereichen zu:

(1) 1 x im Monat
(2) 1 x im Quartal

Leistungsbereiche:

KCH	☐
KFO	☐
PA	☐
KB	☐
ZE	☐

Aufgabe 476

Wer gibt die Abrechnungstermine für das laufende Jahr vor?

Aufgabe 477

Welchen Nachweis der Patientinnen und Patienten braucht die Praxis zwingend für die Quartalsabrechnung?

6.3 Abrechnungsweg GKV

Aufgabe 478

Bringen Sie den Abrechnungsweg in die richtige Reihenfolge:

(1) Überweisung Honorar von KK an KVZ ☐

(2) Übermittlung an KZV ☐

(3) Erstellung Quartalsabrechnung ☐

(4) KVZ zahlt Honorar an Zahnarzt ☐

(5) KVZ prüft die Quartalsabrechnung ☐

(6) Weiterleitung der geprüften Abrechnung an die KK ☐

(7) KK prüft die Abrechnung ☐

6.4 Zahnersatz

Aufgabe 479

Welche drei verschiedenen Versorgungsarten des Zahnersatzes gibt es? (drei Angaben)

(1) gleichartig
(2) gleichwertig
(3) Regelversorgung
(4) Richtlinienversorgung
(5) Andersversorgung
(6) andersartige Versorgung

Aufgabe 480

Bringen Sie den Abrechnungsweg für eine gleichartige Versorgung in die richtige Reihenfolge:

(1) Abrechnung HKP, Erstellen der Rechnung ☐

(2) KZV prüft den Festzuschuss ☐

(3) KZV leitet an die KK weiter ☐

(4) KK bezahlt an die KZV ☐

(5) Pat. bezahlt an den ZA ☐

(6) Erstellung HKP, KV ☐

(7) Versand HKP an KK, KV an Pat. ☐

(8) Genehmigter HKP und unterschriebener KV liegen der Praxis vor. ☐

(9) KZV zahlt den Festzuschuss an den ZA. ☐

(10) Weiterleitung mit Monatsabrechnung an KZV ☐

Aufgabe 481

Beim Zahnersatz bekommen die Patientinnen und Patienten einen Festzuschuss der Krankenkasse. Sie müssen den Rest der Behandlung selbst bezahlen. Wann haben die Patientinnen und Patienten keinen Eigenanteil?

Aufgabe 482

Beschreiben Sie den Begriff „gleichartige Versorgung" (GV)?

6.5 Heil- und Kostenplan (HKP)

Aufgabe 483

Ordnen Sie den folgenden Begriffen die Abkürzungen „B", „R" und „TP" zu.

(1) Befund der Regelversorgung (entspr. RiLi) ☐

(2) Planung nach Wunsch des Patienten ☐

(3) aktueller Befund des Gebisses ☐

Aufgabe 484

Nach welchen Kriterien wird die Höhe des Festzuschusses berechnet?

Erklären Sie.

Aufgabe 485

Welche Festzuschüsse können als nachträgliche Befunde auch ohne Genehmigung der Krankenkasse angesetzt werden?

Aufgabe 486

Auf dem Teil II des Heil- und Kostenplanes wird das Honorar berechnet. Welche Angaben benötigen Sie hierfür? Kreuzen Sie die richtigen Aussagen an. (3 Angaben)

(1) Punktwert
(2) Bewertungszahl
(3) Faktor
(4) Anzahl der Gebühren-Positionen
(5) Datum der Abrechnung

Aufgabe 487

Bei welchen Versorgungsarten fällt bei der Abrechnung ein GOZ-Honorar an? (zwei Angaben)

(1) RV
(2) GV
(3) AAV

Aufgabe 488

Warum ist das Genehmigungsdatum für die Abrechnung wichtig?

Aufgabe 489

Müssen Reparaturanträge auch zur Genehmigung gesendet werden?

(1) Ja, es müssen immer alle Anträge genehmigt werden.
(2) Nein, Reparaturen müssen nie genehmigt werden.
(3) Ja, wenn es sich um einen Härtefall handelt.

Aufgabe 490

Bei gesetzlich versicherten Personen wird nach BEMA abgerechnet. Wonach wird bei privat versicherten Patientinnen und Patienten abgerechnet?

Aufgabe 491

Nach welchen Kriterien können die Leistungen bei privat versicherten Personen erhöht werden? Nennen Sie zwei.

Aufgabe 492

Sie möchten eine Leistung bei einer Privatpatientin mit dem Faktor 2,3 abrechnen. Was müssen Sie beachten?

Aufgabe 493

Der Schwellenwert des Steigerungsfaktors liegt bei 2,3. Für bestimmte Leistungsbereiche gelten andere Faktoren:

Leistungsbereiche	Faktor
Röntgen	
Zuschläge	

Aufgabe 494

Bringen Sie den Abrechnungsweg für eine Privatrechnung in die richtige Reihenfolge.

(1) Patientin/Patient zahlt die Rechnung an die Praxis. ☐

(2) Kostenerstattung nach Prüfung der Rechnung durch die Versicherung an Patientin/Patienten. ☐

(3) Original-Rechnung wird an Patientin/Patienten gesendet. ☐

(4) Praxis erstellt nach Abschluss der Behandlung die Rechnung. ☐

(5) Patientin/Patient leitet die Rechnung an seine Versicherung weiter. ☐

Aufgabe 495

Ordnen Sie folgende Leistungen den entsprechenden Leistungsbereichen zu.

(1) Kariestherapie
(2) Endodontie
(3) Chirurgie
(4) Prophylaxe

Leistungen:

a) Bmf ☐

b) Anästhesie ☐

c) Extraktion ☐

d) Fu1a ☐

e) Exz1 ☐

f) Wk ☐

g) Ip1 ☐

h) Ost1 ☐

i) Trep1 ☐

j) Ä1 ☐

7. Vertragsbeziehung zum Dentallabor

Aufgabe 496

Welche verschiedenen Möglichkeiten gibt es, um Zahnersatz herzustellen?

Aufgabe 497

Welche Voraussetzungen werden benötigt, um jeden Zahnersatz (Kronen, Brücken, Prothesen etc.) im Eigenlabor herzustellen?

Aufgabe 498

Sie sollen für Ihre Praxis ein neues zahntechnisches Labor aussuchen.

Welche Kriterien spielen bei der Entscheidung eine Rolle? (zwei Angaben)

(1) Nähe zur Praxis
(2) Erreichbarkeit
(3) keine speziellen Wünsche
(4) Zusatzleistungen
(5) Bekanntheit

Aufgabe 499

Warum ist die Entfernung von der Praxis zum Labor nicht mehr so wichtig wie vor einigen Jahren?

Aufgabe 500

Bringen Sie den Ablauf eines Laborauftrags in die richtige Reihenfolge.

(1) Einholen eines Angebotes ☐

(2) Eingangskontrolle ☐

(3) Rechnungsprüfung ☐

(4) Abholauftrag ☐

(5) Auftrag erteilen ☐

Aufgabe 501

Welche Informationen müssen unbedingt für die Rechnungsstellung auf dem Laborzettel angegeben sein?

Aufgabe 502

Welche Informationen müssen unbedingt für die Herstellung der Arbeit auf dem Laborzettel angegeben sein?

Aufgabe 503

Sie erstellen die Rechnung für eine Behandlung einschließlich Fremdlaborrechnung. Wie gehen Sie mit der Laborrechnung vor? (zwei Angaben)

(1) Sie wird extra berechnet.
(2) Sie wird von den Patienten und Patientinnen direkt an den Techniker oder die Technikerin überwiesen.
(3) Sie wird mit in die Praxisrechnung aufgenommen.
(4) Die Patienten und Patientinnen erhalten die Rechnung der Praxis als Ausdruck mit einer Ausfertigung der Fremdlaborrechnung.

Aufgabe 504

Wie berechnen Sie Leistungen, z. B. Modelle, die Sie im Eigenlabor angefertigt haben?

Aufgabe 505

Sie rechnen einen Heil- und Kostenplan von gesetzlich versicherten Patienten oder Patientinnen ab. Wie muss die Laborrechnung zugestellt werden, damit sie an die KZV übermittelt werden kann?

Aufgabe 506

Bei der Abrechnung von zahntechnischen Leistungen wird auch zwischen gesetzlich und privat versicherten Patientinnen und Patienten unterschieden. Hierfür gibt es verschiedene Leistungsverzeichnisse. Wie heißen diese?

Für Privatpatienten/-patientinnen	
Für Kassenpatienten/-patientinnen	

Aufgabe 507

Sie wollen bei einer Kassenpatientin eine Krone abrechnen. Auf der Laborrechnung sind aber BEL- und BEB-Leistungen enthalten. Ist dies möglich? Begründen Sie.

Aufgabe 508

Sie bekommen für alle Patientinnen und Patienten eine Rechnung vom Fremdlabor.

Die Zahlung an das Fremdlabor übernimmt die Praxis. Wann werden die Rechnungen überwiesen?

(1) Die Praxis bezahlt jede Rechnung sofort.
(2) Die Praxis bezahlt jede Rechnung nach ca. 14 Tagen.
(3) Die Praxis bezahlt die Rechnungen gesammelt alle zwei Wochen.
(4) Die Praxis bekommt am Monatsende eine Sammelrechnung und überweist diese.

Aufgabe 509

Sie sind in der Assistenz eingeteilt und bei einer Präparation dabei. Was sind Ihre Aufgaben im Bereich des Fremdlabors?

(1) Einpacken der Modelle, Bissnahme, Abdrücke
(2) Sie leiten alles an die Kollegin im Labor weiter.
(3) Laborauftrag erstellen mit allen notwendigen Daten
(4) Sie leiten den Auftrag an die Kollegin an der Rezeption weiter.
(5) Sie machen alles am Feierabend selbst, da ist mehr Zeit.
(6) Sie geben wegen der Abdrücke dem Labor sofort Bescheid.

D

PRÜFUNGSBEREICH 5: WIRTSCHAFTS- UND SOZIALKUNDE

1. Gesundheitswesen

Aufgabe 510

Wie definiert die Weltgesundheitsorganisation (WHO) den Begriff „Gesundheit"? (drei Angaben)

(1) Gesundheit ist der Zustand vollkommenen körperlichen Wohlbefindens.
(2) Gesundheit ist der Zustand psychischen Wohlbefindens.
(3) Gesundheit ist der Zustand vollkommenen geistigen Wohlbefindens.
(4) Gesundheit ist der Zustand halbwegs gesunden Wohlbefindens.
(5) Gesundheit ist der Zustand vollkommenen sozialen Wohlbefindens.

Aufgabe 511

Welche Gebiete gehören zum Gesundheitswesen? (vier Angaben)

(1) Heilung und Linderung
(2) Gesundheitspflege
(3) Gesundheitsschutz
(4) Umweltmedizin
(5) Kurative Medizin

Aufgabe 512

Ordnen Sie den Aufgaben des Gesundheitssystems die richtige Definition zu.

(1) Wiedereingliederung in den Alltag, z. B. durch Implantate
(2) Heilung und Linderung
(3) Vorbeugung von Krankheiten

Aufgaben:

a) Kuration ☐

b) Prävention ☐

c) Rehabilitation ☐

Aufgabe 513

Welche Einrichtung erfüllt welche Versorgung? Ordnen Sie zu.

(1) Kliniken

(2) Behörden

(3) Praxen

Versorgung:

a) ambulante Versorgung ☐

b) stationäre Versorgung ☐

c) öffentlicher Gesundheitsdienst ☐

Aufgabe 514

Welcher Beruf gehört nicht zu den akademischen Heilberufen?

(1) Arzt/Ärztin
(2) Zahntechniker/-in
(3) Zahnarzt/Zahnärztin
(4) Apotheker/-in
(5) Psychologe/Psychologin

Aufgabe 515

Welches sind die Aufgaben der Zahnärztekammer? (drei Angaben)

(1) Erlass der Berufsordnung
(2) Tarifverhandlungen
(3) Überwachung der Ausbildung
(4) Kassenzahnärzte zulassen
(5) Röntgenschulung

Aufgabe 516

Die Wirtschaft gliedert sich in vier Sektoren. Zu welchem der vier Sektoren gehört der Beruf der Zahnärzte und Zahnärztinnen?

(1) Urerzeugung (primärer Sektor)
(2) industrieller Sektor (sekundärer Sektor)
(3) Dienstleistungen (tertiärer Sektor)
(4) Informationssektor (quartärer Sektor)

Aufgabe 517

Nennen Sie drei wesentliche Ziele einer Zahnarztpraxis.

Aufgabe 518

Man unterscheidet drei Arten von Zielbeziehungen. Ordnen Sie den Zielen die entsprechende Zielbeziehung zu.

(1) konkurrierende Ziele (die Ziele stehen sich gegenseitig im Weg)
(2) harmonische Ziele (die Ziele unterstützen sich gegenseitig)
(3) neutrale Ziele (die Ziele stehen in keiner Beziehung zueinander)

Ziele:

a) Ziel 1: gutes Arbeitsklima in der Praxis ☐
Ziel 2: zufriedene ZFAs

b) Ziel 1: bequeme Sitzmöbel im Wartezimmer ☐
Ziel 2: Einhaltung der Termine

c) Ziel 1: schnelle Behandlung der Patientinnen und Patienten ☐
Ziel 2: ausführliche Beratung der Patientinnen und Patienten

Aufgabe 519

Die Zahnarztpraxis Dr. Aben ist eine Praxis mit einem kompetenten und fortschrittlichen Ruf. Dies könnte auch an dem beispielhaften Marketingkonzept der Zahnarztpraxis liegen, welches stetig hinterfragt und weiterentwickelt wird.

Nennen Sie drei Marketing-Maßnahmen, die Frau Dr. Aben einsetzen könnte, um den guten Ruf der Praxis dauerhaft aufrechtzuerhalten.

Aufgabe 520

Geben Sie drei Ziele an, die Frau Dr. Aben mit einem guten Marketingkonzept erreichen möchte.

Aufgabe 521

Nennen Sie zwei Aspekte, worauf bei der Auswahl der Marketingmaßnahmen für eine Zahnarztpraxis geachtet werden sollte.

Aufgabe 522

Geben Sie zwei Möglichkeiten an, wie bzw. wodurch die beabsichtigte Wirkung der Marketing-Maßnahmen gemessen werden könnte.

2. Arbeitsschutz

Aufgabe 523

Erklären Sie die Zielsetzung des Jugendarbeitsschutzgesetzes (JArbSchG).

Aufgabe 524

Nennen Sie drei Vorschriften des Jugendarbeitsschutzgesetzes (JArbSchG), die für jugendliche Auszubildende von der Praxisinhaberin Frau Dr. Aben berücksichtigt werden müssen.

Aufgabe 525

Sandra Weber, Zahnmedizinische Fachangestellte, ist schwanger. Der voraussichtliche Entbindungstermin ist in zwölf Wochen. Sandra Weber möchte nach der Geburt ein Jahr zu Hause bleiben, um sich ganz um ihr Baby zu kümmern. Sie könnte sich aber gut vorstellen, in dieser Zeit auch ein paar Stunden in der Praxis auszuhelfen.

Welche Aussagen zum Mutterschutz sind richtig? (zwei Angaben)

(1) Sandra Webers Mutterschutzfrist beginnt vier Wochen vor dem errechneten Entbindungstermin.
(2) Sandra Webers Mutterschutzfrist beginnt sechs Wochen vor dem errechneten Entbindungstermin.
(3) Werdende Mütter über 18 Jahre dürfen nur halbtags beschäftigt werden.

(4) Sandra Weber darf sofort nach der Geburt wieder arbeiten, wenn sie sich wohlfühlt und eine Kinderbetreuung hat.
(5) Während der Mutterschutzfrist erhält Sandra Weber Mutterschaftsgeld durch die Krankenkasse und einen Zuschuss des Arbeitgebers.
(6) Sandra Weber hat während der Schwangerschaft einen zusätzlichen Urlaubsanspruch von zwei Werktagen, um sich nach Bedarf erholen zu können.

Aufgabe 526

Welche Gesetze sind in Bezug auf ihre Schwangerschaft von Bedeutung? (zwei Angaben)

(1) Arbeitszeitgesetz
(2) Mutterschutzgesetz
(3) Jugendarbeitsschutzgesetz
(4) Kündigungsschutzgesetz
(5) Berufsbildungsgesetz
(6) Bundesurlaubsgesetz

Aufgabe 527

Ab Bekanntgabe der Schwangerschaft darf Sandra Weber in der Zahnarztpraxis Dr. Aben ... (zwei Angaben)

(1) bei Untersuchungen und Behandlungen während des zahnärztlichen Notdienstes assistieren.
(2) Verwaltungsarbeiten, wie z. B. die Erstellung von Privatliquidationen, übernehmen.
(3) Röntgenaufnahmen erstellen.
(4) im Praxislabor arbeiten und dort hauptsächlich Provisorien anfertigen.
(5) den Telefondienst an der Anmeldung sowie den Posteingang erledigen.
(6) Instrumente im Sterilisationsraum aufbereiten.

Aufgabe 528

Welche Aussagen zur Elternzeit und zum Elterngeld sind richtig? (drei Angaben)

(1) Sandra Weber hat nur bis zur Vollendung des ersten Lebensjahres ihres Kindes einen Rechtsanspruch auf Elternzeit.
(2) Sandra Weber muss Frau Dr. Aben die Elternzeit gleichzeitig mit der Bekanntgabe ihrer Schwangerschaft mitteilen.

(3) In der Elternzeit kann Sandra Weber in Teilzeit arbeiten.
(4) Sandra Weber und ihr Mann können das Elterngeld formlos beantragen.
(5) Die Höhe des Elterngeldes orientiert sich am vorherigen Bruttoeinkommens von Sandra Weber.
(6) Das Eltengeld wurde eingeführt, um Einkommenseinschränkungen nach Familiengründungen zu vermindern.

Aufgabe 529

Welche Aussagen zur Arbeitszeit sind richtig? (drei Angaben)

(1) Die tägliche Höchstarbeitszeit beträgt acht Stunden.
(2) Es sind täglich maximal elf Stunden erlaubt, wenn innerhalb von sechs Monaten im Durchschnitt täglich acht Stunden gearbeitet wird.
(3) Die wöchentliche Höchstarbeitszeit beträgt 48 Stunden.
(4) Es sind mindestens zehn Stunden Freizeit zu gewähren.
(5) Sonn- und Feiertagsarbeit ist verboten.
(6) Ab einer Arbeitszeit von acht Stunden ist eine Pause von 60 Minuten zu gewähren.

3. Soziale Sicherung

Aufgabe 530

Die Auszubildenden Paula und Helena unterhalten sich über Sozialversicherungen. Welche der nachfolgend genannten Versicherungen gehören zur Sozialversicherung?

(1) gesetzliche Unfallversicherung
(2) Lebensversicherung
(3) gesetzliche Pflegeversicherung
(4) private Rentenversicherung
(5) gesetzliche Krankenversicherung
(6) gesetzliche Rentenversicherung

Aufgabe 531

Paula möchte wissen, wie man Mitglied der gesetzlichen Sozialversicherung wird. (eine Angabe)

(1) mit der Registrierung bei der Zahnärztekammer als Auszubildende
(2) mit Anmeldung an den Berufskollegs

(3) automatisch mit der Vollendung des 18. Lebensjahres
(4) mit dem Abschluss eines Vertrages bei der Krankenkasse
(5) automatisch mit dem Beginn der Ausbildung

Aufgabe 532

Welche Aussagen sind richtig? (zwei Angaben)

(1) Familienangehörige, die keiner Erwerbstätigkeit nachgehen, können über ein versicherungspflichtig beschäftigtes Familienmitglied in der gesetzlichen Krankenversicherung versichert werden.
(2) Die Pflegeversicherung finanziert ausschließlich die Kosten bei ambulanter Pflege.
(3) Alle arbeitslos gemeldeten Arbeitnehmerinnen und Arbeitnehmer haben mindestens zwei Jahre lang Anspruch auf die Zahlung von Arbeitslosengeld.
(4) Da Schwangerschaft keine Krankheit ist, übernimmt die gesetzliche Krankenkasse auch keine Leistungen für werdende Mütter.
(5) Eine wesentliche Aufgabe der Deutschen Rentenversicherung ist es, bei Erreichen der entsprechenden Altersgrenze die Zahlung einer Regelaltersrente an die Anspruchsberechtigten zu gewährleisten.
(6) Der Generationenvertrag besagt, dass alle Generationen in denselben Gesundheitsfond einzahlen.

Aufgabe 533

Welche Aussage ist richtig? (eine Angabe)

(1) Das Solidaritätsprinzip bedeutet, dass die privaten Krankenversicherungen sich solidarisch mit der gesetzlichen Krankenversicherung zeigen, indem sie Ausgleichszahlungen leisten.
(2) Privat Krankenversicherte sind nicht verpflichtet, sich gegen das Risiko der Pflegebedürftigkeit abzusichern.
(3) Die Beitragsbemessungsgrenze legt fest, ab welcher Gehaltsgrenze sich Arbeitnehmer/-innen privat krankenversichern können.
(4) Auszubildende gehören zum Kreis der Pflichtversicherten der gesetzlichen Krankenversicherung.
(5) Die Versicherungspflichtgrenze ist die Rechengröße, die über die Höhe der Beiträge der Arbeitnehmerinnen und Arbeitnehmer zur gesetzlichen Krankenversicherung entscheidet.

Aufgabe 534

Welche Aussage ist in dieser Situation richtig? (eine Angabe)

(1) Nach der Geburt eines Kindes kann die Mutter in die private Krankenversicherung wechseln.
(2) Nach der Geburt kann das Neugeborene im Rahmen der Familienversicherung in der gesetzlichen Krankenversicherung versichert werden.
(3) Der Zusatzbeitrag zur gesetzlichen Krankenversicherung ist für alle Krankenkassen gleich hoch.
(4) Träger der Pflegeversicherung sind die Pflegekassen, die der deutschen Rentenversicherung zugeordnet sind.
(5) Die Höhe und Art der Leistungen der Pflegeversicherungen richtet sich nach den früheren sowie aktuellen Einkünften des Pflegebedürftigen.

Aufgabe 535

Durch Zahlung der Sozialversicherungsbeiträge erwerben Sie Ansprüche gegenüber der Bundesagentur für Arbeit. Welche Leistungen werden durch die Arbeitslosenversicherung erbracht? (drei Angaben)

(1) Zahlung von Arbeitslosengeld
(2) Zahlung von Sterbegeld
(3) Berufsberatung
(4) Arbeitsvermittlung
(5) Zuzahlung von Altersruhegeld
(6) Erstattung von Heilbehandlungskosten
(7) Wohngeld

Aufgabe 536

Paula kann Leistungen der gesetzlichen Unfallversicherung in Anspruch nehmen, wenn sie ... (drei Angaben)

(1) auf dem Weg zum Berufsschulunterricht stürzt und sich dabei die Hand bricht.
(2) aus Unachtsamkeit beim Einräumen des Thermodesinfektors in ein Skalpell greift und sich dabei eine tiefe Schnittverletzung zuzieht.
(3) bei einem Handballspiel ihrer Vereinsmannschaft eine Verletzung erleidet.
(4) die Ausbildung erfolgreich absolviert hat und danach eine Festanstellung in einer Zahnarztpraxis bekommt.

(5) am Wochenende auf dem Weg ins Kino einen Unfall verschuldet.
(6) während ihrer Ausbildung eine Allergie gegen Latexhandschuhe entwickelt, die behandlungsbedürftig ist.

Aufgabe 537

Welche Aussagen zur gesetzlichen Unfallversicherung sind richtig? (zwei Angaben)

(1) Die Beiträge zur gesetzlichen Unfallversicherung tragen Arbeitgeber und Arbeitnehmer/-innen je zur Hälfte.
(2) Die Höhe der Beiträge richtet sich insbesondere nach der Höhe der jährlichen Lohnzahlungen und nach dem Grad der Unfallgefahr.
(3) Die Höhe der Beiträge richtet sich nach dem Alter der Mitarbeiter/-innen.
(4) Leistungen der gesetzlichen Unfallversicherung erhalten auch diejenigen, die einen Unfall auf dem direkten Weg zur Arbeit erlitten haben.
(5) Eine wichtige Aufgabe der gesetzlichen Unfallversicherung ist es, Folgen von Privatunfällen zu lindern.

Aufgabe 538

Welches Gericht ist die erste Instanz für alle öffentlich-rechtlichen Streitigkeiten in der Sozialversicherung?

Aufgabe 539

Welche Aussagen zur Sozial- bzw. Individualversicherung sind richtig? (zwei Angaben)

(1) Die zahnärztliche Versorgung von Paula wird von der gesetzlichen Unfallversicherung gezahlt, da es sich um einen Reitunfall handelt.
(2) Paulas gesetzliche Krankenversicherung muss die Kosten der zahnärztlichen Behandlung tragen.
(3) Die private Haftpflichtversicherung, die Paulas Eltern für das Pferd abgeschlossen haben, übernimmt die Kosten der zahnärztlichen Behandlung.
(4) Eine private Unfallversicherung deckt ausschließlich Schäden ab, die durch Freizeitunfälle entstehen.
(5) Eine private Zahnzusatzversicherung übernimmt Kosten, die von der gesetzlichen Krankenversicherung nicht gezahlt werden.
(6) Paulas Eltern müssen den Unfall direkt bei der gesetzlichen Unfallversicherung melden.

4. Berufliche Perspektiven

Aufgabe 540

Welche Anlagen gehören zu einer vollständigen Bewerbung? (vier Angaben)

(1) Anschreiben
(2) Abschlusszeugnisse
(3) Lebenslauf
(4) Foto
(5) Lehrgangsbescheinigungen
(6) Zertifikate

Aufgabe 541

Welche Inhalte müssen laut Nachweisgesetz in einem Arbeitsvertrag enthalten sein? Nennen Sie sechs Inhalte eines Arbeitsvertrages.

Aufgabe 542

Welche Aussagen sind richtig? (zwei Angaben)

(1) Tarifverträge werden zwischen Arbeitnehmerinnen/Arbeitnehmern und Arbeitgebern abgeschlossen.
(2) Es gibt unterschiedliche Arten von Tarifverträgen, die unter anderem die Arbeitsbedingungen (z.B. Höhe des Arbeitsentgelts, die Dauer des Urlaubs) regeln oder Vereinbarungen zur betrieblichen Altersvorsorge treffen.
(3) In einem Manteltarifvertrag wird unter anderem die Höhe des Arbeitsentgelts geregelt.
(4) Auszubildende haben laut Berufsbildungsgesetz ein Recht auf einen tarifgebundenen Ausbildungsvertrag.
(5) Tarifgebundene Arbeitsverträge sind für Arbeitnehmerinnen und Arbeitnehmer vorteilhaft, weil die darin vereinbarten Arbeitsbedingungen in der Regel besser sind als die entsprechenden gesetzlichen Regelungen.
(6) Aus Vereinfachungsgründen gibt es für alle Branchen in Deutschland nur einen Tarifvertrag.

5. Entlohnung

Aufgabe 543

Sie sollen die Assistentin für Zahnärztliches Praxismanagement (AZP) bei der Gehaltsabrechnung unterstützen.

Für welche Zweige der Sozialversicherung muss die Praxis Beiträge einbehalten? (eine Angabe)

(1) Rentenversicherung, Arbeitslosenversicherung, Ausbildungsversicherung
(2) Rentenversicherung, Arbeitslosenversicherung, Krankenversicherung, Krankenhaustagegeldversicherung
(3) Rentenversicherung, Arbeitslosenversicherung, Pflegeversicherung, Unfallversicherung, Krankenversicherung
(4) Rentenversicherung, Arbeitslosenversicherung, Krankenversicherung, Pflegeversicherung

Aufgabe 544

In der Pause unterhält sich Stella mit ihrer Kollegin Maja. Paula zeigt ihr den Kontoauszug mit der ersten Gehaltsabrechnung.

Welcher Betrag aus der Gehaltsabrechnung wird auf dem Kontoauszug ausgewiesen? (eine Angabe)

(1) der um die Lohn- und Kirchensteuer gekürzte Bruttobetrag
(2) die im Arbeitsvertrag vereinbarte Vergütung
(3) der Nettobetrag
(4) der Nettobetrag zuzüglich der vom Arbeitgeber gezahlten vermögenswirksamen Leistungen
(5) der Bruttobetrag abzüglich der Sozialversicherungsbeiträge

6. Zahlungsverkehr und Finanzierung

Aufgabe 545

Nennen Sie die drei Zahlungsarten.

Aufgabe 546

Bei der Barzahlung wird den Patientinnen und Patienten eine Quittung ausgestellt. Die Patientin Frau Marga Homer möchte die professionelle Zahnreinigung bar bezahlen.

a) Füllen Sie eine Quittung über den Rechnungsbetrag in Höhe von insgesamt 90,00 € aus.

Quittung	Netto EUR, Cent ______
Nr.	+ % MwSt. ______
	Gesamt EUR, Cent ______
EUR in Worten ______	
Von ______	
Für ______	
Ort ______	Datum ______
Buchungsvermerke	Stempel/Unterschrift

b) Welche Bestandteile muss eine Quittung laut Gesetz enthalten?

Aufgabe 547

Welche Möglichkeiten der bargeldlosen Zahlung kennen Sie? Nennen Sie sechs Möglichkeiten.

7. Rechtliche Grundlagen

Aufgabe 548

Ordnen Sie die folgenden Begriffe zu:

Sachen, natürliche Personen, juristische Personen, Rechte, Rechtsfähigkeit, Eigentum und Besitz, Geschäftsfähigkeit

Rechtssubjekte	Rechtsobjekte

Aufgabe 549

Welche Aussagen zur Rechts- und Geschäftsfähigkeit sind richtig? (zwei Angaben)

(1) Paula (17 Jahre) kann sich auch ohne Zustimmung der Eltern einen Computer kaufen, da sie diesen für die Hausaufgaben der Berufsschule benutzen möchte.
(2) Die volle Rechtsfähigkeit hat ein Mensch mit der Vollendung der Geburt erlangt.
(3) Alle Rechtsgeschäfte, die Paula ohne die Zustimmung ihrer Eltern tätigt, sind schwebend unwirksam.
(4) Rechtsgeschäfte, die Paula ausschließlich einen rechtlichen Vorteil bringen, sind rechtswirksam.
(5) Durch den Abschluss des Ausbildungsvertrages ist Paula voll geschäftsfähig geworden.
(6) Geschäftsfähigkeit bedeutet, Träger von Rechten und Pflichten zu sein.

Aufgabe 550

Welche Aussagen zu Willenserklärungen mit Rechtsfolgen sind richtig?

(1) Diese Willenserklärungen müssen immer schriftlich erfolgen.
(2) Diese Willenserklärungen sind immer unverbindlich.
(3) Diese Willenserklärungen führen immer zu einem Vertrag.
(4) Diese Willenserklärungen können auch durch schlüssiges (konkludentes) Handeln abgegeben werden.
(5) Zwei übereinstimmende Willenserklärungen führen zu einem Vertrag.
(6) Diese Willenserklärungen sind immer empfangsbedürftig.

Aufgabe 551

Da Paula oft länger in der Praxis bleiben muss und immer wieder auch Ärger mit den Kolleginnen hat, möchte sie das Ausbildungsverhältnis kündigen. Welche Aussagen zum Rechtsgeschäft treffen auf die Kündigung zu? (drei Angaben)

(1) einseitiges Rechtsgeschäft
(2) nicht empfangsbedürftiges Rechtsgeschäft
(3) formfreies Rechtsgeschäft
(4) an die Schriftform gebundenes Rechtsgeschäft
(5) zweiseitiges Rechtsgeschäft
(6) empfangsbedürftiges Rechtsgeschäft

Aufgabe 552

Ordnen Sie den Vertragsarten die entsprechende Beschreibung zu.

(1) Instandhaltung
(2) kostenloser Gebrauch einer Sache
(3) Herstellung oder Reparatur einer Sache
(4) Kauf einer Ware
(5) Erstellung einer Dienstleitung
(6) Behandlung eines Patienten
(7) zeitweise Überlassung von Geld gegen Zinsen
(8) Überlassung einer Sache zur Nutzung gegen Entgelt

Vertragsarten:

a) Kaufvertrag ☐

b) Dienstvertrag ☐

c) Behandlungsvertrag ☐

d) Werkvertrag ☐

e) Wartungsvertrag ☐

f) Kreditvertrag ☐

g) Mietvertrag ☐

h) Leihvertrag ☐

Aufgabe 553

Paulas gleichaltrige Freundin Amelie (17 Jahre) hat zum 1. August .... einen Ausbildungsvertrag abgeschlossen. Der Ausbildungsvertrag wurde vom Ausbildenden und der Auszubildenden unterschrieben.

Der Vertrag ist ...

(1) gültig.
(2) schwebend unwirksam.
(3) anfechtbar.
(4) nichtig.
(5) ein einseitiges Rechtsgeschäft.
(6) durch konkludentes Handeln wirksam.

Aufgabe 554

Paulas Freundin Annette (18 Jahre) überlegt kurz nach Vertragsabschluss, ob sie die Ausbildung antreten oder doch lieber eine weiterführende Schule besuchen will. Welche Rechtsfolgen muss sie bedenken? (zwei Angaben)

(1) Sie ist schadenersatzpflichtig.
(2) Da sie einen rechtsgültigen Vertrag abgeschlossen hat, darf sie sich nicht an einer weiterführenden Schule anmelden.
(3) Sie muss einen Ersatz stellen.
(4) Sie kann den Vertrag kündigen.
(5) Sie kann einen Aufhebungsvertrag abschließen.

Aufgabe 555

Welche Aussagen zur „dualen Ausbildung" sind richtig? (zwei Angaben)

(1) Die gleichzeitige Ausbildung in der Zahnarztpraxis und in der Berufsschule wird duale Ausbildung genannt.
(2) Paulas Ausbildung findet ausschließlich in der Zahnarztpraxis statt, da Paula bereits den mittleren Schulabschluss (FOR) hat.
(3) In der Berufsschule werden Paula die berufsbezogenen praktischen Inhalte der Ausbildung vermittelt.
(4) Eine wichtige Rechtsgrundlage für die duale Ausbildung ist das Berufsbildungsgesetz (BBiG).
(5) Zu Beginn des zweiten Ausbildungsjahres findet eine Prüfung auf freiwilliger Basis statt.
(6) Die Kassenzahnärztliche Vereinigung kontrolliert durch die Führung des Berichtsheftes den reibungslosen Ablauf der dualen Ausbildung.

Aufgabe 556

Helena ist Auszubildende zur ZFA im dritten Ausbildungsjahr in der Praxis Dr. Aben. Wer sind die Vertragspartner? (eine Angabe)

(1) Auszubildende und Kassenzahnärztliche Vereinigung
(2) Zahnärztin und Zahnärztekammer
(3) Zahnärztin und Kassenzahnärztliche Vereinigung
(4) Auszubildende und Berufsgenossenschaft
(5) Auszubildende und Zahnärztin (Frau Dr. Aben)
(6) Auszubildende und Arbeitsamt

Aufgabe 557

Welche Aussagen zum Ausbildungsvertrag sind richtig? (zwei Angaben)

(1) Ein Ausbildungsvertrag kommt durch schlüssiges Handeln der Vertragspartner zustande.
(2) Die Kassenzahnärztliche Vereinigung überprüft, ob der Ausbildungsvertrag von den Vertragspartnern ordnungsgemäß ausgefüllt wurde.
(3) Während der Probezeit kann Frau Dr. Aben Paulas Ausbildungsvertrag ohne Angabe von Gründen schriftlich kündigen.
(4) Eine Vereinbarung, die Probezeit auf sechs Monate zu erhöhen, ist von beiden Vertragspartnern vor Ausbildungsbeginn schriftlich zu beantragen.
(5) Der Ausbildungsvertrag muss spätestens vor Beginn der Ausbildung schriftlich abgeschlossen werden.
(6) Die Mindestangaben werden durch das Berufsbildungsgesetz (BBiG) vorgeschrieben.
(7) Für die Gültigkeit des Ausbildungsvertrages von Paula reicht es aus, wenn ihre Eltern den Ausbildungsvertrag unterschreiben.

Aufgabe 558

Welche gesetzliche Regelung gilt für Paula für das 1. Ausbildungsjahr? (zwei Angaben)

(1) BGB
(2) Tarifvertrag
(3) Berufsbildungsgesetz
(4) Jugendarbeitsschutzgesetz
(5) Grundgesetz
(6) Jugendschutzgesetz

Aufgabe 559

Im Ausbildungsvertrag befindet sich eine Vereinbarung hinsichtlich der Probezeit. Wie lange darf die Probezeit maximal gehen?

(1) 0–6 Monate
(2) 4 Wochen
(3) 4 Monate
(4) 2 Wochen zur Monatsmitte bzw. zum Monatsende
(5) 1 Monat

Aufgabe 560

Welche Aussagen zur Probezeit sind richtig? (drei Angaben)

(1) Während der Probezeit kann der Ausbildende zu jedem Zeitpunkt kündigen.
(2) Ausbildender und Auszubildende dürfen auf eine Vereinbarung zur Probezeit nicht verzichten.
(3) Innerhalb der Probezeit gilt für sie nicht die Festlegung der Arbeitszeit auf die 40-Stunden-Woche.
(4) Der Ausbildende muss eine Kündigung begründen.
(5) Die Kündigung kann durch die Auszubildende auch mündlich erfolgen.
(6) Die Kündigung muss schriftlich erfolgen.

Aufgabe 561

Mit dem Abschluss eines Ausbildungsvertrages gehen beide Vertragspartner Pflichten ein. Welche Pflichten hat Paula als Auszubildende und welche Pflichten hat Frau Dr. Aben als Ausbilderin? Nennen Sie jeweils sechs Pflichten.

Aufgabe 562

Welche Institutionen unterstützen Paula bei Streitigkeiten mit Frau Dr. Aben über den Urlaubsanspruch? (zwei Angaben)

(1) Kassenzahnärztliche Vereinigung
(2) Amtsgericht
(3) Zahnärztekammer
(4) Verband medizinischer Fachberufe e. V.
(5) Agentur für Arbeit
(6) Deutscher Zahnärzte Verband e. V.

Aufgabe 563

Die Praxis Dr. Aben möchte einen neuen Thermodesinfektor anschaffen. Wie kann sich die Praxis Informationen über mögliche Lieferanten beschaffen?

(1) Internet
(2) Fachmesse
(3) Fachzeitschriften
(4) Vertreterbesuch
(5) Bundeszahnärztekammer

Aufgabe 564

Welche rechtliche Wirkung hat eine Anfrage?

(1) verpflichtet zum Abschluss eines Kaufvertrages
(2) rechtlich unverbindlich

Aufgabe 565

Welche Arten von Anfragen werden unterschieden und wofür dienen Anfragen? Ordnen Sie die Verwendungszwecke zu.

Tragen Sie die Ziffer (1) für „Kaufinteresse" und die Ziffer (2) für „Informationsbeschaffung" ein.

Anfragen:

a) allgemeine/unbestimmte Anfrage ☐

b) bestimmte/spezielle Anfrage ☐

Aufgabe 566

Welche Angebotsarten werden unterschieden? (zwei Angaben)

(1) verlangtes Angebot
(2) unverlangtes Angebot
(3) unverbindliches Angebot
(4) konkretes Angebot

Aufgabe 567

Wie lange ist ein mündlich abgegebenes Angebot gültig? (eine Angabe)

(1) 4 Wochen
(2) 14 Tage
(3) Das Angebot muss sofort angenommen werden.
(4) 1 Tag
(5) 1 Woche/7 Tage

Aufgabe 568

Wie lange ist ein per Brief abgegebenes Angebot gültig?

(1) 4 Wochen
(2) 14 Tage
(3) Das Angebot muss sofort angenommen werden.
(4) 1 Tag
(5) 1 Woche/7 Tage

Aufgabe 569

Wie lange ist ein per Mail oder Fax abgegebenes Angebot gültig?

(1) 4 Wochen
(2) 14 Tage
(3) Das Angebot muss sofort angenommen werden
(4) 1 Tag
(5) 1 Woche/7 Tage

Aufgabe 570

Wie lässt sich die rechtliche Wirkung eines Angebotes einschränken? (vier Angaben)

(1) „solange der Vorrat reicht"
(2) Preis freibleibend
(3) unverbindlich
(4) freibleibend
(5) Einschränkung ist nicht möglich.

Aufgabe 571

Welche Angaben muss ein Angebot beinhalten? Nennen Sie sechs Angaben.

Aufgabe 572

Der Listenpreis eines Thermodesinfektors beträgt 1 480,00 €. Der Hersteller gewährt aufgrund eines Firmenjubiläums 15 % Rabatt. Wie hoch ist die Ersparnis?

(1) 250,00 €
(2) 275,00 €
(3) 222,00 €
(4) 230,00 €
(5) 300,00 €

Aufgabe 573

Der Bezugspreis für einen Thermodesinfektor beträgt 1761,20 €. Der Hersteller gewährt bei einer Zahlung innerhalb von 14 Tagen 2,5 % Skonto. Wie hoch ist die Ersparnis bei einer Zahlung innerhalb der vorgegebenen Frist?

(1) 42,00 €
(2) 44,03 €
(3) 45,08 €

(4) 47,13 €
(5) 48,65 €

Aufgabe 574

Frau Dr. Aben möchte für die Praxisküche eine Spülmaschine kaufen. Der Listenpreis beträgt 429,00 €. Die Umsatzsteuer (USt) beträgt 19 %. Gegen eine Pauschale von 30,00 € wird die Maschine in die Praxis geliefert. Aufgrund eines Jubiläums gewährt der Hersteller einen Rabatt von 15 %. Wenn der Rechnungsbetrag innerhalb von 14 Tagen gezahlt wird, darf Frau Dr. Aben 2 % Skonto abziehen, ansonsten ist die Spülmaschine innerhalb von 30 Tagen nach Lieferung zahlbar.

Führen Sie eine Angebotskalkulation durch. Wie hoch ist der Bezugspreis?

Listenpreis	
Rabatt	
Zieleinkaufspreis netto	
USt 19 %	
Zieleinkaufspreis brutto	
Skonto	
Bareinkaufspreis	
Bezugskosten	
Bezugspreis	

Aufgabe 575

Unter welchen Voraussetzungen werden die Allgemeinen Geschäftsbedingungen (AGB) Bestandteil von Kaufverträgen? (drei Angaben)

(1) Ein ausdrücklicher Hinweis seitens des Verkäufers oder der Verkäuferin auf die AGB ist erfolgt.
(2) Der Käufer oder die Käuferin muss die AGB zur Kenntnis nehmen können.
(3) AGB müssen schriftlich ausgegeben werden.
(4) Der Käufer oder die Käuferin muss den AGB ausdrücklich zustimmen.
(5) AGB gelten grundsätzlich immer.

Aufgabe 576

Welche Bestimmungen dürfen nicht in den AGB enthalten sein? (drei Angaben)

(1) überraschende Klauseln
(2) Preiserhöhungen
(3) Verkürzung der gesetzlichen Gewährleistungspflichten
(4) Garantiezeit
(5) kurzfristige Preiserhöhungen

Aufgabe 577

Die Praxis Dr. Aben bestellt den angefragten Thermodesinfektor innerhalb von drei Tagen nach Eingang des verbindlichen Angebotes, ohne Änderungen an dem Angebot vorgenommen zu haben. Wie kommt in dieser Situation der Kaufvertrag zustande?

(1) Der Hersteller muss die Bestellung (Antrag) durch eine Auftragsbestätigung annehmen.
(2) Durch die Bestellung der Praxis Dr. Aben ist ein gültiger Kaufvertrag zustande gekommen.
(3) Der Kaufvertrag kommt erst mit der Lieferung des Thermodesinfektors zustande.

Aufgabe 578

Verbraucher und Verbraucherinnen, die Waren oder Dienstleistungen per Fax, E-Mail oder SMS bestellen, werden in besonderer Weise durch §§ 312b ff. BGB geschützt (Fernabsatzverträge). Danach müssen die Verkäufer oder Verkäuferinnen die jeweiligen Käufer oder Käuferinnen umfassend informieren. Welche der folgenden Informationen muss nicht gegeben werden?

(1) genaue Anschrift des Verkäufers mit Telefon- und Faxnummer sowie Internetadresse
(2) Beschreibung der wesentlichen Merkmale der Ware bzw. Dienstleistung (z. B. durch Abbildung und Beschreibung der Ware auf den entsprechenden Internetseiten)
(3) Zeitpunkt, wann der Vertrag zustande kommt, z. B. durch eine Auftragsbestätigung per E-Mail
(4) Nettopreis der Ware
(5) Hinweis auf das Widerrufs- und Rückgaberecht

Aufgabe 579

Man unterscheidet besondere Formen des Kaufvertrages. Ergänzen Sie die Lücken:

	Sonderform	Erklärung
(1)	Kauf auf Abruf	Der __________ bestimmt den Liefertermin nach __________. Lieferung auch in Teilmengen.
(2)	Fixkauf	Der Liefertermin ist __________ vereinbart und wesentlich für den Vertrag.
(3)	Terminkauf	Die Lieferung erfolgt innerhalb einer bestimmten Frist.
(4)	Barkauf	Die Zahlung erfolgt ________________.
(5)	Zielkauf	Die Zahlung erfolgt ________________.
(6)	Ratenkauf	Die Zahlung erfolgt ________________.
(7)	Stückkauf	Der Kaufgegenstand ist eine nicht vertretbare Sache.
(8)	Gattungskauf	Der Kaufgegenstand ist eine vertretbare Sache.
(9)	bürgerlicher Kauf	Beide Vertragspartner sind __________.
(10)	einseitiger Handelskauf	Ein Vertragspartner ist, __________ einer ist __________.
(11	zweiseitiger Handelskauf	Beide Vertragspartner sind __________.
(12)	Kauf auf Probe	Kauf einer Ware zum Ausprobieren mit __________ innerhalb einer festgesetzten Frist.
(13)	Kauf nach Probe	Der Verkäufer muss eine der Probe entsprechende Ware liefern.
(14)	Kauf zur Probe	Es wird eine geringe Menge gekauft, um zu probieren, ob die Ware den gewünschten Zweck erfüllt.

Aufgabe 580

Welche Pflichten ergeben sich nach Eingang der Bestellung für den Verkäufer oder die Verkäuferin? (zwei Angaben)

(1) ordnungsgemäße Übergabe der mangelfreien Ware zur richtigen Zeit am richtigen Ort
(2) Annahme der Ware
(3) Eigentumsübertragung
(4) Zahlung des vereinbarten Kaufpreises

Aufgabe 581

Wann befindet sich ein Patient oder eine Patientin im Zahlungsverzug?

Fälle:	Verzug ab?
(1) Das Zahlungsdatum ist kalendermäßig bestimmt.	
(2) Es gibt einen Hinweis auf die gesetzliche 30-Tage-Regelung.	
(3) Es erfolgte eine Mahnung mit Fristsetzung.	

Aufgabe 582

Entscheiden Sie, um welche Mangelart es sich in den folgenden Fällen handelt.

Fälle		Mangelart
Fall (1)	Eine Lieferung von Kaffeebechern ist eingetroffen. Bestellt waren 20 Becher, geliefert wurden 18 Becher.	
Fall (2)	Es werden Latexhandschuhe geliefert. Bestellt waren latexfreie Handschuhe.	
Fall (3)	Der neue Sterilisator verbraucht mehr Strom, als im Angebot angegeben war.	

Fälle		Mangelart
Fall (4)	Der gelieferte Schreibtisch hat einen Kratzer.	
Fall (5)	Die neue Spülmaschine wird geliefert und angeschlossen. Beim ersten Spülgang kommt es aufgrund eines fehlerhaften Anschlusses zu einem Kurzschluss.	
Fall (6)	Das Bücherregal kann nicht aufgebaut werden, weil die Anleitung unvollständig ist.	
Fall (7)	Es handelt sich um gestohlene Ware, die jeweiligen Verkäufer/-innen sind nicht der oder die Eigentümer/-innen.	

Aufgabe 583

Welche Mängel unterscheidet man nach der Entdeckbarkeit? (drei Angaben)

Aufgabe 584

Nennen Sie die vorrangigen Rechte, die einem Käufer oder einer Käuferin nach Lieferung einer mangelhaften Sache zustehen. (zwei Angaben)

Aufgabe 585

Nennen Sie weitere Rechte, die Käufer und Käuferinnen beim Erwerb einer mangelhaften Sache unter Umständen zustehen können. Geben Sie drei mögliche Antworten.

Aufgabe 586

Welche Voraussetzungen müssen im Allgemeinen für die Nicht-Rechtzeitig-Lieferung vorliegen? (drei Angaben)

Aufgabe 587

Welche Rechte haben Käufer grundsätzlich, wenn ein Lieferverzug vorliegt? Nennen Sie zwei Rechte.

Aufgabe 588

Der Patient Markus Bauer befindet sich seit 28 Tagen im Zahlungsverzug. Jetzt soll ein Mahnschreiben erstellt werden.

Nennen Sie vier Aspekte, durch die sich das erste Mahnschreiben (Zahlungserinnerung) von dem letzten Mahnschreiben (2. Mahnung) unterscheidet.

Aufgabe 589

Erklären Sie, welche gerichtlichen Schritte die Zahnarztpraxis Dr. Aben ergreifen könnte, falls Herr Bauer seine Liquidation nach der zweiten Mahnung immer noch nicht beglichen hat.

Aufgabe 590

Erklären Sie, wann die Forderung an Herrn Bauer gemäß BGB verjährt.

8. Vertragsarten

Aufgabe 591

Grundlage für die Behandlung der Patientinnen und Patienten in der Praxis Dr. Aben ist der Behandlungsvertrag. *Wie ist diese Vertragsart richtig beschrieben? (zwei Angaben)*

(1) Der Behandlungsvertrag ist in rechtlicher Hinsicht ein Werkvertrag.
(2) Der Behandlungsvertrag ist eigentlich ein Kaufvertrag.
(3) Der Behandlungsvertrag ist eine Sonderform des Dienstvertrages.
(4) Der Behandlungsvertrag darf nur schriftlich abgeschlossen werden.
(5) Der Vertrag mit Patient oder Patientin ist ein zweiseitiges Rechtsgeschäft.

Aufgabe 592

Welche Aussage zum Zustandekommen des Behandlungsvertrages ist richtig?

(1) Der Behandlungsvertrag kommt durch zwei übereinstimmende Willenserklärungen zustande.
(2) Der Behandlungsvertrag bedarf der Schriftform.
(3) Der Patient oder die Patientin legt unangemeldet die Versichertenkarte an der Rezeption vor.
(4) Der Behandlungsvertrag kommt erst nach Zustimmung durch die Krankenkasse zustande.

Aufgabe 593

Bei gesetzlich krankenversicherten Patientinnen und Patienten (GKV) besteht wegen der Verpflichtung zur vertragszahnärztlichen Versorgung eine Behandlungspflicht. In welchen Fällen darf diese grundsätzlich abgelehnt werden, wenn der Patient oder die Patientin nicht als Schmerzpatient/-in kommt? (zwei Angaben)

(1) Bei Erkrankungen, die die Patienten und Patientinnen selbst verschuldet haben.
(2) Bei einem gestörten Vertrauensverhältnis zwischen Zahnarzt /-ärztin und Patient/-in.
(3) Wenn die zu behandelnde Person den Termin nicht eingehalten hat.
(4) Wenn die Praxis aufgrund zu vieler Patientinnen und Patienten so ausgelastet ist, dass eine Versorgung aller nicht mehr ausreichend gewährleistet werden kann.
(5) Wenn der Patient oder die Patientin die Rechnung noch nicht bezahlt hat.

Aufgabe 594

Jegliche zahnärztliche Behandlung ist nur rechtmäßig, wenn der Patient oder die Patientin über Verlauf und Risiken der Behandlung sachgemäß aufgeklärt wurde. Welche Aspekte umfasst die Aufklärung? (drei Angaben)

(1) Behandlungsrisiko
(2) Sorgfaltspflicht
(3) Haftpflicht
(4) Dokumentation

(5) Diagnose und Therapie
(6) Kosten der Behandlung

Aufgabe 595

Welche Daten der Patientinnen und Patienten unterliegen der Schweigepflicht?

(1) nur familiäre Daten
(2) nur familiäre und berufliche Daten
(3) nur familiäre, berufliche und anamnestische Daten
(4) alle Daten
(5) nur anamnestische, diagnostische und therapeutische Daten
(6) nur der Besuch der Praxis

Aufgabe 596

Welche Aussagen zur Beendigung eines Behandlungsvertrages sind richtig? (zwei Angaben)

(1) Der Behandlungsvertrag ist grundsätzlich erst beendet, wenn der Patient oder die Patientin wieder gesund ist.
(2) Der Zahnarzt oder die Zahnärztin darf die Behandlung abbrechen, weil von dem Patienten oder der Patientin die Versichertenkarte nicht vorgelegt wurde.
(3) Der Zahnarzt oder die Zahnärztin setzt die Prophylaxebehandlung nicht fort, weil der Pivatpatient oder die Privatpatientin trotz mehrfacher Mahnung eine offene Rechnung noch nicht bezahlt hat.
(4) Nur Privatpatienten und -patientinnen können einen Behandlungsvertrag kündigen.
(5) Der Zahnärzt oder die Zahnärztin kündigt den Behandlungsvertrag, weil der Patient oder die Patientin häufiger einen reservierten Termin ohne Angabe von Gründen kurzfristig abgesagt hat.

E

LÖSUNGEN

A Prüfungsbereich 1: Hygienemaßnahmen und Aufbereitung Medizinprodukte

1. Hygiene

Aufg. 1	Unter Hygiene versteht man Maßnahmen und Verhaltensweisen, die der Erhaltung und Förderung der Gesundheit dienen, indem die Ausbreitung von Krankheiten und schädlichen Mikroorganismen verhindert wird.
Aufg. 2	a) 5, b) 1, c) 2, d) 3, e) 4
Aufg. 3	Pilze, Viren, Bakterien, Protozoen
Aufg. 4	1, 5
Aufg. 5	Prionen = Protein + Infektion, entartete Eiweiße, welche fatale Kettenreaktionen im Körper auslösen, z. B. Creutzfeld-Jakob-Krankheit
Aufg. 6	1) r, 2) r, 3) r, 4) r, 5) f
Aufg. 7	Adsorptionsphase – Injektionsphase – Latenzphase – Reifung – Freisetzung
Aufg. 8	

Bakterien	Viren	Pilze	Protozoen
Tuberkulose	Masern	Soor	Malaria
Tetanus	Röteln		Toxoplasmose
Karies	AIDS		
	Mumps		
	Herpes simplex		

<table>
<tr><td>Aufg. 9</td><td>2</td></tr>
<tr><td>Aufg. 10</td><td><table><tr><th>Bakterien</th><th>Viren</th></tr><tr><td>größer als Viren</td><td>kleiner als Bakterien</td></tr><tr><td>besitzen eigenen Stoff-
wechsel</td><td>besitzen keinen eigenen
Stoffwechsel</td></tr><tr><td>Zellteilung</td><td>Wirtszelle</td></tr></table></td></tr>
<tr><td>Aufg. 11</td><td>Parasit: Lebewesen, die auf Kosten anderer Organismen leben</td></tr>
<tr><td>Aufg. 12</td><td>2, 1, 3, 4</td></tr>
<tr><td>Aufg. 13</td><td>Symbiose: Zusammenleben zweier Lebewesen zum gegenseitigen Nutzen</td></tr>
<tr><td>Aufg. 14</td><td>2</td></tr>
<tr><td>Aufg. 15</td><td>Asepsis: Zustand der völligen Keimfreiheit</td></tr>
<tr><td>Aufg. 16</td><td>Antibiotika</td></tr>
<tr><td>Aufg. 17</td><td>1) f, 2) r, 3) f, 4) r, 5) r</td></tr>
<tr><td>Aufg. 18</td><td>Endotoxine: Giftstoffe, welche beim Zerfall der Bakterien freigesetzt werden
Exotoxine: Giftstoffe, welche von den Bakterien selbst abgegeben werden</td></tr>
<tr><td>Aufg. 19</td><td>kugelförmig, stäbchenförmig, spiralförmig</td></tr>
<tr><td>Aufg. 20</td><td>1) r, 2) f, 3) r, 4) f, 5) f</td></tr>
<tr><td>Aufg. 21</td><td>Arzneimittel gegen Virusinfektionen</td></tr>
<tr><td>Aufg. 22</td><td>a) 3, b) 5, c) 2, d) 1, e) 4</td></tr>
<tr><td>Aufg. 23</td><td>Bakteriensporen: Dauerformen
Pilzsporen: Vermehrungsformen</td></tr>
<tr><td>Aufg. 24</td><td>3, 4</td></tr>
<tr><td>Aufg. 25</td><td>Mykosen</td></tr>
<tr><td>Aufg. 26</td><td>Antimykotika</td></tr>
<tr><td>Aufg. 27</td><td>Der Hefepilz ist ein Bestandteil unserer natürlichen Mundflora. Bei einer eingeschränkten Abwehrlage kann dies zu einer Vermehrung des Candida albicans führen und es kommt zu einer Pilzinfektion (Soor).</td></tr>
</table>

Aufg. 28	tierische Einzeller
Aufg. 29	1, 5
Aufg. 30	Bei einer Prionen-Infektion kommt es zu einem schwammartigen Umbau des Gehirns. Die Funktionsfähigkeit lässt nach und führt schließlich zum Tod des Patienten.
Aufg. 31	nicht krank machend
Aufg. 32	u. a.: Grippeviren, Covid-19-Viren, Salmonellen, Aids-Viren
Aufg. 33	Bei einer Infektion dringen Krankheitserreger in den Körper ein und vermehren sich anschließend. Erst wenn es zum Ausbruch der Krankheit kommt, zeigen sich erste Krankheitsanzeichen, welche als Symptome bezeichnet werden.
Aufg. 34	→ Menge der Erreger → krank machende Wirkung der Erreger (Virulenz) → Abwehrlage des Körpers, Ansiedlungsort
Aufg. 35	a) 4, b) 1, c) 2, d) 3
Aufg. 36	→ aktive Impfung: z. B. Tetanus, Masern, Polio etc. → passive Impfung: z. B. Hepatitis B, Sars-CoV-2 → Simultanimpfung: z. B. Tollwut, Tetanus
Aufg. 37	Eine PEP ist gegen HIV und HBV möglich. Hierbei handelt es sich um Sofortmaßnahmen bei einer möglichen Infektion, z. B. durch eine Nadelstichverletzung. Zu den Erstmaßnahmen zählen u.a. Wunde ausbluten lassen, Wunde desinfizieren, Patientenbefragung – Anamnese, Dokumentation im Unfallbuch, Unfallanzeige durch Durchgangsarzt oder -ärztin.
Aufg. 38	5
Aufg. 39	Tragen der persönlichen Schutzausrüstung, Impfempfehlung der Ständigen Impfkomission (STIKO) befolgen (Hepatitis, Grippe usw.)
Aufg. 40	3
Aufg. 41	Ansteckung; Eindringen und Vermehren von Krankheitserregern in einem Organismus
Aufg. 42	2, 4

Aufg. 43	Pathogenität: krank machend, Fähigkeit von Mikroorganismen, Krankheiten hervorzurufen Virulenz: krank machende Wirkung eines Erregers
Aufg. 44	Kontamination: Verunreinigung von Gegenständen, Räumen, Personen und Lebensmittel u. a. durch Mikroorganismen
Aufg. 45	chronische Leberentzündung, mögliche Folgen: Leberzirrhose, Risiko für Leberkrebs und/oder Leberversagen steigt
Aufg. 46	1) f, 2) r, 3) r, 4) f, 5) r
Aufg. 47	Genesungsphase
Aufg. 48	akut: plötzlich auftretend, kurzer heftiger Verlauf chronisch: langsam entwickelnd, langer, weniger heftiger Verlauf
Aufg. 49	Unempfindlichkeit gegen einen bestimmten Erreger
Aufg. 50	2, 5
Aufg. 51	(siehe Tabelle unten)

Aufg. 51

	aktiv	**passiv**
Impfstoff	abgeschwächte/ abgetötete Erreger	Antikörper
Wirkungseintritt	nach Wochen	nahezu sofort
Wirkungsdauer	Jahre/lebenslang	einige Wochen

Aufg. 52	meldepflichtige bakterielle Infektionskrankheit, welche meistens zuerst die Lunge befällt
Aufg. 53	offene Tbc: sehr hohes Ansteckungsrisiko, da Tuberkelbakterien mit dem Auswurf, Urin oder Stuhl ausgeschieden werden geschlossene Tbc: kein Ansteckungsrisiko, da keine Erreger ausgeschieden werden
Aufg. 54	Humanes Immunschwäche-Virus, engl. human immunodeficiency Virus
Aufg. 55	1, 2, 3, 4
Aufg. 56	3

Aufg. 57	Antigene: abgeschwächte/abgetötete Erreger Antikörper: körpereigene oder körperfremde Abwehrstoffe
Aufg. 58	4
Aufg. 59	Desinfektion: Maßnahmen, um alle Krankheitserreger unschädlich zu machen
Aufg. 60	a) 5, b) 3, c) 4, d) 1, e) 2
Aufg. 61	Wirkungsspektrum, Einwirkzeit und Konzentration
Aufg. 62	4
Aufg. 63	2000 ml = 100 %; 20 ml = 1 %, 20 ml x 3 % = 60 ml; 2000 ml – 60 ml = 1940 ml H2O, 60 ml Desinfektionsmittel
Aufg. 64	Desinfektion: Maßnahmen, um alle Krankheitserreger unschädlich zu machen Sterilisation: Abtötung aller Mikroorganismen sowie Ihrer Dauerformen
Aufg. 65	1) f, 2) r, 3) f, 4) r
Aufg. 66	4, 5
Aufg. 67	breites Wirkungsspektrum, unschädlich für den Anwender, schneller Wirkungseintritt
Aufg. 68	Einatmung der Desinfektionsaerosole führt zu Atemwegserkrankungen und/oder Allergien. Bei der Wischdesinfektion erfolgt die zusätzliche mechanische Bearbeitung der Flächen.
Aufg. 69	Oberfläche vollständig benetzen (3 x horizontal, 3 x vertikal wischen), Einwirkzeit beachten, trocknen lassen (nicht nachtrocken)
Aufg. 70	a) 2, b) 2, c) 2, d) 1, e) 1
Aufg. 71	3
Aufg. 72	Abtötung aller Mikroorganismen sowie ihrer Dauerformen
Aufg. 73	Standardisierung: Festlegung einer bestimmten Qualität Validierung: ein dokumentiertes nachweisliches Verfahren, das unter festgelegten Bedingungen prüft, ob das angestrebte Ziel erreicht wurde
Aufg. 74	Instrumente der Kategorie semikritisch B, kritisch A und B

Aufg. 75	3, 6, 2, 4, 1, 5
Aufg. 76	Alle, da alle Instrumente auf dem Tray kontaminiert sind.
Aufg. 77	unkritisch, semikritisch, kritisch
Aufg. 78	1) unkritisch, 2) semikritisch, 3) kritisch, 4) semikritisch, 5) kritisch
Aufg. 79	A: Ohne besondere Anforderungen an die Aufbereitung B: mit erhöhten Anforderungen an die Aufbereitung (hierzu zählen beispielsweise auch Wurzelkanalinstrumente, die keinen Hohlkörper haben)
Aufg. 80	Extraktion, Osteotomie, Implantation
Aufg. 81	2
Aufg. 82	Einmalartikel werden nicht aufbereitet, sondern fachgerecht entsorgt.
Aufg. 83	2
Aufg. 84	Temperatur, Haltedauer, Gradzahl
Aufg. 85	1, 3
Aufg. 86	maschinell und manuell
Aufg. 87	1, 3
Aufg. 88	2, 3
Aufg. 89	Schutzbrille, stichfeste Handschuhe, Schutzschürze
Aufg. 90	a) 2, b) 1, c) 2, d) 1, e) 1
Aufg. 91	Sauberkeit, Rost, einwandfreie Funktion
Aufg. 92	a) 1, b) 2, c) 2, d) 1
Aufg. 93	Die Anzahl der Aufbereitungen müssen markiert werden; die Anzahl der Durchlaufzyklen ist begrenzt.
Aufg. 94	6,3,2,4,1,5,7
Aufg. 95	ausgelernte medizinische Fachangestellte
Aufg. 96	Kritisch B eingestufte Instrumente dürfen nicht manuell aufbereitet werden.
Aufg. 97	7, 6, 3, 5, 1, 2, 4
Aufg. 98	1, 3, 4
Aufg. 99	a) 1, b) 2, c) 1, d) 1, e) 1

Aufg. 100	zur Prüfung auf ordnungsgemäße Funktion
Aufg. 101	Kritische Instrumente müssen steril verpackt werden, semikritische nicht.
Aufg. 102	1, 4, 5
Aufg. 103	mindestens in semikritisch B
Aufg. 104	2
Aufg. 105	wöchentlich, evtl. auf monatlich erweiterbar
Aufg. 106	a) 1, b) 2, c) 1, d) 2, e) 2
Aufg. 107	Sterilisierbehälter (Container), Normtrays (Dentalkassetten) mit zusätzlicher Verpackung
Aufg. 108	1, 2, 3, 5
Aufg. 109	Anzahl der bereits durchgeführten Sterilisationsvorgänge
Aufg. 110	max. sechs Monate
Aufg. 111	a) 2, b) 2, c) 1, d) 1, e) 2
Aufg. 112	a) 1, b) 1, c) 1, d) 2, e) 1, f) 2, g) 2
Aufg. 113	Die Sterilisation muss wiederholt werden, der fehlerhafte Durchgang wird dokumentiert.
Aufg. 114	fünf Jahre
Aufg. 115	längere Haltbarkeit und Funktionstüchtigkeit
Aufg. 116	2, 4
Aufg. 117	mind. semikritisch B
Aufg. 118	Wurzelkanalinstrumente der Größe ISO 15 und kleiner werden nur einmal verwendet.
Aufg. 119	Die **Aufbereitung** von Medizinprodukten „kritisch B“ muss generell **maschinell** in Reinigungs- und Desinfektionsgeräten stattfinden.
Aufg. 120	unrein und rein
Aufg. 121	1) A, 2) C, 3) A, 4) C, 5) B, 6) C, 7) B
Aufg. 122	3
Aufg. 123	Qualitätsmanagement, entsprechende Dokumente
Aufg. 124	thermische Desinfektion
Aufg. 125	1, 3, 4

Aufg. 126	2, 4, 6
Aufg. 127	2
Aufg. 128	a) 1, b) 2, c) 1, d) 1, e) 2
Aufg. 129	Hygieneplan
Aufg. 130	1, 3, 6
Aufg. 131	bei einem neuen Reinigungsmittel, bei neuen Mitarbeiterinnen und Mitarbeitern

B Prüfungsbereich 2: Empfangen und Aufnehmen von Patientinnen und Patienten

1. Kommunikation

Aufg. 132	Verständigung untereinander
Aufg. 133	1) A, 2) B, 3) B, 4) B, 5) B
Aufg. 134	durch Rückfrage beim Empfänger
Aufg. 135	a) Telefon, b) E-Mail, c) Fax. d) Internet
Aufg. 136	am Telefon
Aufg. 137	1, 3, 5
Aufg. 138	Der erste Eindruck entscheidet, ob man sich wohlfühlt; er ist wichtig, um Vertrauen aufzubauen, sich ernst genommen zu fühlen.
Aufg. 139	Namen, Vornamen, Geburtsdatum
Aufg. 140	1, 2, 6
Aufg. 141	Kontrolle durch das Foto
Aufg. 142	Versicherungsnummer, Versicherungsstatus, Krankenkassennummer
Aufg. 143	1, 2
Aufg. 144	1, 4, 5
Aufg. 145	1, 3
Aufg. 146	a) 1, b) 2, c) 1, d), 1, e) 2

Aufg. 147	Diagnose: Zuordnung von Symptomen zu einer Krankheit Therapie: Maßnahmen, die darauf abzielen, Krankheiten positiv zu beeinflussen
Aufg. 148	allgemeine Anamnese, spezielle Anamnese, Familienanamnese
Aufg. 149	1, 2, 4
Aufg. 150	Die Erkrankungen und Medikamenteneinnahme sollten immer aktuell sein.
Aufg. 151	2, 4
Aufg. 152	schriftlich
Aufg. 153	1, 2, 4, 5
Aufg. 154	1, 3, 4
Aufg. 155	2, 3
Aufg. 156	2, 4, 5
Aufg. 157	Lächeln, Blickkontakt, mit Namen ansprechen
Aufg. 158	3, 6, 5, 7, 1, 4, 2
Aufg. 159	keine, aufgrund der Schweigepflicht
Aufg. 160	4
Aufg. 161	keine Kosten, sehr schnelle Datenübermittlung
Aufg. 162	Datenschutz, macht laute Geräusche
Aufg. 163	Sammelmail erreicht alle gleichzeitig, keine Papierkosten, keine fliegenden Zettel
Aufg. 164	Nur eine Adresse darf in CC aufgeführt sein, die weiteren nur in BCC, sie sind somit nicht für die anderen sichtbar.
Aufg. 165	Die E-Mail muss verschlüsselt sein.
Aufg. 166	keine Portokosten, sofort zugestellt, kein Papier nötig
Aufg. 167	Kinder, Senioren, Angstpatienten und -patientinnen
Aufg. 168	1, 2, 4
Aufg. 169	a) 2, b) 1, c) 2, d) 2, e) 1
Aufg. 170	1, 3
Aufg. 171	Sie führen das Gespräch an einem anderen Ort weiter.

2. Grundlagen

Aufg. 172	Krankenvorgeschichte; allgemeine und spezielle Anamnese
Aufg. 173	a) 1, b) 3, c) 4, d) 2
Aufg. 174	Dentition
Aufg. 175	3, 2, 1, 4, 5
Aufg. 176	Odontoblasten
Aufg. 177	Ameloblasten
Aufg. 178	Zementoblasten
Aufg. 179	a) 2, b) 2, c) 2, d) 2, e) 1
Aufg. 180	4, 3, 1, 2, 5
Aufg. 181	Resorption
Aufg. 182	Gingiva, Alveolarknochen, Wurzelhaut, Wurzelzement
Aufg. 183	1, 3, 4
Aufg. 184	Bedeckt die gesamte Oberfläche der Wurzel bis zum Schmelz der Zahnkrone
Aufg. 185	Glandula parotis (Ohrspeicheldrüse)
Aufg. 186	3, 5
Aufg. 187	1) r, 2) f, 3) r, 4) r, 4) r
Aufg. 188	Mundvorhof, Bereich zwischen Lippen/Wange und Zähnen + Alveolorfortsatz
Aufg. 189	Gaumen, Rachen, Zunge und Mundboden, Lippen und Wange
Aufg. 190	Frenulum labii – Lippenbändchen Frenulum buccale – Wangenbändchen Frenulum linguae – Zungenbändchen
Aufg. 191	2, 4, 5
Aufg. 192	Geschmacksempfindung, Sprachbildung, Tastempfinden
Aufg. 193	2, 4, 5, 3, 1

Aufg. 194	Artikulation: gegenseitiges Verschieben der Zahnreihen unter Zahnkontakt, durch Gleitbewegungen des Unterkiefers Okklusion: Kontakt zwischen OK- und UK-Zähnen beim Schließen = Schlussbisslage
Aufg. 195	Knirschen und Pressen, die unbewusst zu Überlastungen der Zähne führen
Aufg. 196	a) 1, b) 2, c) 2, d) 1, e) 2, f) 1
Aufg. 197	Alveolarfortsatz, Gaumenfortsatz, Jochbeinfortsatz, Stirnfortsatz
Aufg. 198	3
Aufg. 199	Gelenkfortsatz, Muskelfortsatz
Aufg. 200	a) 2, b) 4, c) 1 d) 3
Aufg. 201	Eintritt: Foramen mandibulae Austritt: Foramen mentale
Aufg. 202	1, 2, 3, 4
Aufg. 203	schmerzhafte Reizung des V. Hirnnerves
Aufg. 204	1) r, 2) r, 3) f, 4) r, 5) r
Aufg. 205	Bei einer Lokalanästhesie darf das Anästhetikum nicht in ein Blutgefäß injiziert werden. Durch Zurückziehen des Kolbens einer Injektionsspritze bei der Injektion kann dies überprüft werden.
Aufg. 206	Kieferklemme: Mundöffnung ist eingeschränkt. Kiefersperre: Kondylos gleitet vor Gelenkhöckerchen, dadurch kann der Mund nicht mehr geschlossen werden.
Aufg. 207	Gelenkkopf, Gelenkgrube, Gelenkhöckerchen, Knorpelscheibe
Aufg. 208	a) 3, b) 4, c) 6, d) 5, e) 1, f) 2

3. Zahnerhaltung und Füllungstherapie

Aufg. 209	3, 1, 4, 2
Aufg. 210	Demineralisation: Durch einen Säureangriff werden den Zahnhartsubstanzen Mineralien entzogen. Remineralisation: Bestimmte Bestandteile im Speichel sorgen für eine neue Verkalkung der demineralisierten Zahnhartsubstanz. Kariesentstehung kann vermieden werden.
Aufg. 211	Spülfunktion, antibakterielle Wirkung, Remineralisation, Pufferung von Säuren
Aufg. 212	3
Aufg. 213	Röntgen, Inspektion, Kariesdetektor, Sondierung
Aufg. 214	neu entstandene Karies an Füllungs- oder Kronenrändern
Aufg. 215	2, 4
Aufg. 216	bisher nicht geklärt
Aufg. 217	1. engmaschige Kontrollen 2. regelmäßige Fluoridierung 3. sorgfältige Mundhygiene
Aufg. 218	Restauration
Aufg. 219	Zement, Amalgam, Kompomer, Komposit
Aufg. 220	Schwangere, Stillende, Kinder unter 15, Personen mit Nierenerkrankungen, Personen mit nachgewiesener Amalgamallergie
Aufg. 221	7, 1, 3, 4, 5, 2, 6, 8
Aufg. 222	Vorteil: leichte Verarbeitung, haftet gut, Zahnfarben, gibt Fluorid ab Nachteil: geringe Farbauswahl, nicht langlebig

4. Wurzelkanalbehandlung

Aufg. 223	Odontoblasten: Dentin bildende Zellen, die sich an der Außenfläche der Pulpa zum Dentin hin befinden
Aufg. 224	a) 2, b) 4, c) 5, d) 1, e) 3

Aufg. 225	Bestandteile: Bindegewebe, Blutgefäße, Nervenfasern, Lymphgefäße Hauptaufgabe: Versorgung des Zahnes mit Nährstoffen, Neubildung von Dentin, Schmerzempfindung
Aufg. 226	3, 4, 2, 5, 1
Aufg. 227	Karies, parodontale Erkrankungen, thermische und chemische Reize
Aufg. 228	1) f, 2) r, 3) f, 4) r, 5) r
Aufg. 229	Maßnahmen: direkte und indirekte Überkappung, Pulpotomie (Vitalamputation): → direkt: Pulpa punktförmig eröffnet → indirekt Pulpa nicht eröffnet Pulpotomie: Entfernung der vitalen Kronenpulpa
Aufg. 230	Kalziumhydroxid, MTA (Mineral Trioxid Aggregat), Zinkoxid-Eugenol-Zement
Aufg. 231	Vitalexstirpation
Aufg. 232	Vitalexstirpation erfolgt bei einer vitalen Pulpa, Gangränbehandlung erfolgt bei pulpatoten Zähnen.
Aufg. 233	Bohrer, Reamer, Hedströmfeilen
Aufg. 234	4, 8, 5, 2, 6, 7, 9, 1, 3, 10
Aufg. 235	4
Aufg. 236	5
Aufg. 237	Natriumhypochlorid, Chlorhexidingluconat, Zitronensäure, Alkohol
Aufg. 238	seitliches Verdichten mit Guttapercha + Sealer für eine optimale Wurzelfüllung
Aufg. 239	Es handelt sich um das letzte vollständig eingeführte Wurzelkanalinstrument, nach der sich die ISO-Größe für Papierspitzen und Guttapercha-Stifte richtet.

5. Zahnärztliche Chirurgie

Aufg. 240	Wurzelspitzenresektion, Osteotomie, Implantation
Aufg. 241	Herzerkrankungen, Allergie, Schwangerschaft, Medikamenteneinnahme
Aufg. 242	a) 1, b) 2, c) 2, d) 2, e) 1, f) 2

Aufg. 243	Die Einnahme von Blutverdünnern spielt bei chirurgischen Eingriffen eine wichtige Rolle.
Aufg. 244	2, 4
Aufg. 245	1, 3, 4
Aufg. 246	2, 5, 7
Aufg. 247	Ein Abszess ist ein abgekapselter Hohlraum, der mit Flüssigkeit gefüllt ist.
Aufg. 248	submukös: unter der Schleimhaut subperiostal: unter der Knochenhaut sublingual: unter der Zunge
Aufg. 249	3, 2, 4, 5, 1
Aufg. 250	siehe Tabelle unten
Aufg. 251	a) 1, b) 2, c) 1, d) 1, e) 2
Aufg. 252	nicht essen, solange die Spritze wirkt, eingeschränkte Verkehrstüchtigkeit, keine harten Speisen in der Region, Achtung beim Putzen: Wunde nicht wieder öffnen, zwei bis drei Tage kein Sport
Aufg. 253	Die Naht gehört zur Leistung der Extraktion und kann nicht gesondert berechnet werden. Sie ist in der Leistung bereits enthalten.
Aufg. 254	verlagert: Zahn liegt gekippt im Knochen retiniert: Zahn hat keine Verbindung zur Mundhöhle
Aufg. 255	2, 6, 3, 7, 4, 5, 1, 8, 9
Aufg. 256	resorbierbar: Fäden lösen sich selbst auf nicht resorbierbar: Fäden müssen entfernt werden
Aufg. 257	Nasen-Blas-Versuch, Knopfsonde
Aufg. 258	3, 5, 4, 6, 1, 2
Aufg. 259	2
Aufg. 260	Entfernung von einer Wurzelspitze oder mehreren Wurzelspitzen eines Zahnes
Aufg. 261	orthograde Wurzelfüllung: Zugang über die Zahnkrone retrograde Wurzelfüllung: Zugang über die Wurzelspitze

Aufg. 250:

Hebel	Zangen
1. Beinsche Hebel	1. Luerzange
2. Krallenhebel	2. Molarenzange
	3. Weißheitszahnzange

Aufg. 262	Nein, es werden die Wurzelspitzen mit einer Entzündung entfernt.
Aufg. 263	apikale Aufhellung, Wurzelfraktur, überstopfte Wurzelfüllung, Zyste
Aufg. 264	Zystostomie: Eröffnung einer Zyste, sie wird aber nicht entfernt.
Aufg. 265	1, 2
Aufg. 266	Mit der histopathologischen Untersuchung soll überprüft werden, ob es sich um gut- oder bösartiges Gewebe handelt.
Aufg. 267	1
Aufg. 268	gute Mundhygiene, keine akuten Erkrankungen, keine Schwangerschaft
Aufg. 269	1, 2, 3, 5
Aufg. 270	1, 5, 4, 6, 2, 3
Aufg. 271	Knochenverletzung, Zahnverletzung, Weichteilverletzung
Aufg. 272	Kronenfraktur: Vom sichtbaren Bereich des Zahnes ist ein Stück abgebrochen. Wurzelfraktur: Vom Wurzelbereich des Zahnes ist ein Stück abgebrochen.
Aufg. 273	Lippe: Weichteilverletzung Zahn: Zahnverletzung
Aufg. 274	Repositionierung
Aufg. 275	1, 3, 5, 6
Aufg. 276	Glätten des Kieferknochens, Beseitigung Schotterkamm, Beseitigung Schleimhautbänder
Aufg. 277	mit einem Elektrochirurgiegerät, durch Laserbehandlung, mit einem Skalpell
Aufg. 278	2
Aufg. 279	Exzision
Aufg. 280	1, 3, 5, 2, 4
Aufg. 281	gutartig: benigne bösartig: maligne
Aufg. 282	gutartig: abgegrenzt, wächst langsam, bildet keine Metastasen bösartig: wächst schnell, nicht abgegrenzt, dringt in Nachbargewebe, kann Metastasen bilden

6. Arzneimittellehre (Pharmakologie)

Aufg. 283	a) 2, b) 4, c) 1, d) 3
Aufg. 284	Arzneimittelgesetz (AMG), Arzneimittel-Verschreibungsverordnung (AMVV), Betäubungsmittelgesetz BtMG), Betäubungsmittel-Verschreibungsverordnung (BtMVV)
Aufg. 285	1, 4, 5
Aufg. 286	Dosis: Verabreichungsmenge Indikation: Heilanzeige/Anwendungsgebiet Applikation: Gebrauch/Anwendung Kontraindikation: Gegenanzeige Nebenwirkungen: unerwünschte Wirkungen Wechselwirkungen: gegenseitige Beeinflussung mehrerer Wirkstoffe
Aufg. 287	a) 1, b) 3, c) 3, d) 2, e) 2, f) 1, g) 2, h) 4, i) 1, j) 4
Aufg. 288	lokale Applikation: Wirkung nur auf bestimmte Körperregionen systemische Applikation: Wirkung auf den gesamten Körper
Aufg. 289	oral/per os: über den Mund rektal: über den Mastdarm sublingual: unter der Zunge Inhalation: Einatmung Perkutan: durch die Haut
Aufg. 290	1, 2, 4
Aufg. 291	a) 11, b) 9, c) 15, d) 1, e) 13, f) 6, g) 8, h) 4, i) 14, j) 2, k) 10, l) 12, m) 7, n) 3, o) 5
Aufg. 292	Name, Berufsbezeichnung des/der (Zahn-)arztes/-ärztin, Datum der Ausfertigung, Name und Geburtsdatum des Patienten, Bezeichnung des Fertigarzneimittels oder des Wirkstoffes (Rezeptur), Darreichungsform, abzugebende Menge, Dosierungsangabe, Gebrauchsanweisungen bei in der Apotheke hergestellten Arzneimitteln, eigenhändige Unterschrift des/der (Zahn-)arztes/-ärztin bzw. elektronische Signatur

Aufg. 293	Rezept-ID, Rezept-Schlüssel, Gültigkeit, mögliche Alternativen, PZN (Pharmazentralnummer), Adresse + Register-Nr. des/der Vertragszahnarztes/ärztin (KZV-Nummer), Gültigkeitsdauer der Gesundheitskarte
Aufg. 294	10 – 30 – 100
Aufg. 295	3, 5, 6
Aufg. 296	a) 3, b) 4, c) 1, d) 2

7. Blut und Immunsystem

Aufg. 297	3, 5
Aufg. 298	a) 2, b) 1, c) 1, d) 2, e) 1, f) 1, g) 2
Aufg. 299	Plasma: flüssiger Anteil des Blutes Serum: Plasma ohne Fibrinogen
Aufg. 300	weiße Blutkörperchen: Leukozyten rote Blutkörperchen: Erythrozyten Blutplättchen: Thrombozyten
Aufg. 301	a) 1, 3, 8 b) 2, 5, 7 c) 4, 6
Aufg. 302	4, 1, 3, 5, 2
Aufg. 303	a) 2, b) 1, c) 2, d) 1, f) 2 , e) 1
Aufg. 304	1, 4, 5
Aufg. 305	2, 4, 6, 7, 8, 10

8. Herz-Kreislauf-System

Aufg. 306	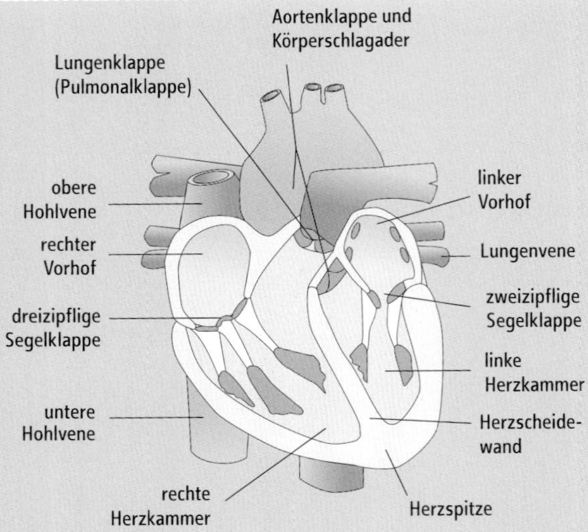
Aufg. 307	Größe: ca. faustgroß; Gewicht: ca. 300 g schwer; Funktion: Pumpmotor für den Kreislauf
Aufg. 308	3
Aufg. 309	Elektrokardiogramm (EKG)
Aufg. 310	Diastole: rhythmische Erweiterung/Erschlaffen des Herzens Systole: rhythmisches Zusammenziehen/Kontrahieren des Herzens
Aufg. 311	Lungenkreislauf: Die rechte Herzhälfte pumpt sauerstoffarmes Blut in die Lunge, in der es mit Sauerstoff angereichert wird. Körperkreislauf: Die linke Herzhälfte pumpt sauerstoffreiches Blut in den gesamten Körper.
Aufg. 312	(1) Kapillargefäße, (2) Venen, (3) Arterien
Aufg. 313	2, 1, 4, 3

Aufg. 314	a) Hohlvene, Vorhof b) Trikuspidalklappe (Segelklappe), Herzkammer c) Pulmonalklappe (Taschenklappe), Lungenarterien d) Lungenvene, Vorhof e) Mitralklappe (Segelklappe), Herzkammer f) Aortenklappe (Taschenklappe), Aorta, Kapillarnetz g) Hohlvene, Vorhof
Aufg. 315	Handgelenk (A. radialis), Hals (A. carotis), Leiste (A. femoralis)
Aufg. 316	2, 3, 5
Aufg. 317	RR = Riva-Rocci: Messung des Blutdrucks mmHg = Millimeter Quecksilbersäule: Maßeinheit für den Blutdruck
Aufg. 318	optimal: 120/80 mmHg systolisch: 100–140 mmHg diastolisch: 60–90 mmHg
Aufg. 319	(1) Werte unter 100/60 mmHg (2) ab 140/90 mmHg

9. Atmungssystem

Aufg. 320	(1) Nase, (2) Mundhöhle, (3) Pharynx/Rachen, (4) Larynx/Kehlkopf, (5) Kehldeckel, (6) Trachea/Luftröhre, (7) Bifurkation/Zweigabelung, (8) Bronchiolen, (9) Pulmo/Lunge
Aufg. 321	erwärmen, anfeuchten und reinigen der Atemluft, Gerüche wahrnehmen, Resonanzkörper für die Stimme
Aufg. 322	a) 3, b) 1, c) 5, d) 4, e) 2, f) 6
Aufg. 323	Inspiration: Einatmung Exspiration: Ausatmung Respiration: Atmung
Aufg. 324	innere Atmung: Zellatmung, erfolgt im Körper äußere Atmung: Lungenatmung, Ein- und Ausatmung der Lunge
Aufg. 325	3

C Prüfungsbereich 4: Organisieren der Verwaltungsprozesse und Abrechnen von Leistungen

C1 Praxisorganisation

1. Verwaltung von Patientendaten

Aufg. 326	Patientenname, Versicherungsnummer, Geburtsdatum, Versicherungsstatus, Anschrift
Aufg. 327	Medikamente, Erkrankungen, Arztbefunde
Aufg. 328	1, 3, 4
Aufg. 329	Sie fordern bei der KK eine Ersatzbescheinigung an. Erreichen Sie dort niemanden, dann muss die Patientin ihre Karte innerhalb von zehn Tagen nachreichen, sonst erhält sie eine Privatrechnung.
Aufg. 330	Bisher entscheiden die Patientinnen und Patienten.
Aufg. 331	freiwillig
Aufg. 332	2, 4
Aufg. 333	Erleichterung der Anamnese, Papierersparnis, Informationen leicht abrufbar
Aufg. 334	Vorname, Nachname, Anschrift, Geburtsdatum, Krankenkasse
Aufg. 335	3
Aufg. 336	Papierersparnis, leichtere Dokumentation, immer aktuell
Aufg. 337	1, 3, 5
Aufg. 338	Karteikarten müssen bis 10 Jahre nach Behandlungsende aufgehoben werden.
Aufg. 339	2
Aufg. 340	Hardware: Drucker, Bildschirm, Tastatur, Maus Software: Betriebssystem, Praxissoftware, Internetsoftware
Aufg. 341	Von einem Netzwerk spricht man, wenn mindestens zwei Computer miteinander verbunden sind.

Aufg. 342	Rezeption: Karten einlesen Behandlungszimmer: Dokumentation Steri: Nachweis Sterilisation Röntgenraum: Befundung der Röntgenbilder Backoffice: Abrechnung
Aufg. 343	Das Betriebssystem ermöglicht die Nutzung des PC, z. B. Windows, Linux, Unix etc. Die Praxissoftware ermöglicht das Verwalten der Patientendaten (Verwaltungsprogramm).
Aufg. 344	Abrechnung mit der Kassenzahnärztlichen Vereinigung (KZV), Mailverkehr, Telematik
Aufg. 345	Stammdaten: z.B. Anschrift und Daten, die sich nicht verändern: Vorname, Geburtsdatum, Geburtsort Bewegungsdaten: veränderliche Daten, Behandlung, Medikamente
Aufg. 346	Schweigepflicht (StGB), Datenschutz-Grundverordnung (DSGVO)
Aufg. 347	Die Schweigepflicht gilt bis über den Tod der Patientinnen und Patienten hinaus.
Aufg. 348	Datenschutzerklärung
Aufg. 349	1, 3, 4
Aufg. 350	Bildschirmsperre, Bildschirmschoner aktivieren
Aufg. 351	tägliche Datensicherung durchführen
Aufg. 352	Virenschutzprogramm einrichten, zweite Datensicherung auf externer Festplatte durchführen
Aufg. 353	Rezept, Heilmittelverordnung, Arbeitsunfähigkeitsbescheinigung, Heil- und Kostenplan
Aufg. 354	Die Ausfertigung für die Patientinnen und Patienten muss mitgegeben werden.
Aufg. 355	Arbeitsunfähigkeitsbescheinigung bei Privatpatientinnen und -patienten wird wie bisher als Papierausdruck ausgestellt.
Aufg. 356	1, 2, 3, 4
Aufg. 357	1, 4, 2, 5, 3
Aufg. 358	Es gibt keine Änderung.
Aufg. 359	Zeitersparnis, Papierersparnis, lückenlose Dokumentation

Aufg. 360	höherer Festzuschuss beim Zahnersatz
Aufg. 361	kein regelmäßiger Besuch: 60 % der Rentenversicherung (RV) mehr 5 Jahre regelmäßiger Besuch: 70 % der RV mehr als 10 Jahre regelmäßiger Besuch: 75 % der RV Härtefallregelung – 100% der RV

2. Arbeitsplatz Zahnarztpraxis

Aufg. 362	§ 1 Abs. 5 ZHG (Zahnheilkundegesetz)
Aufg. 363	4
Aufg. 364	a) 2, b) 1, c) 2, d) 2, e) 1
Aufg. 365	1
Aufg. 366	Unter einer ergonomischen Arbeitsplatzgestaltung versteht man einen an die dort tätigen Menschen optimal angepassten Arbeitsplatz.

3. Mitarbeiterführung und Zeitplanung

Aufg. 367	autoritär, laissez-faire, kooperativ (demokratisch)
Aufg. 368	Patientengespräche, Organisationsgespräche, Teambesprechungen, Kurzbesprechungen
Aufg. 369	1, 3, 5, 6
Aufg. 370	1, 2, 3, 6
Aufg. 371	3, 1, 4, 2
Aufg. 372	P = Problem benennen (Was stört mich?) A = Anliegen äußern (Was möchte ich von meinem Gegenüber?) C = Checken (Hat mich mein Gegenüber verstanden?)
Aufg. 373	Arbeitsaufgabe, Arbeitsrolle, materielle Umgebung, soziales Umfeld, persönlicher Bereich
Aufg. 374	Eustress: positiver Stress, der motivierend wirkt Distress: negativer Stress, der bei längerem Anhalten zu negativen Folgen für die Gesundheit führt
Aufg. 375	1, 2, 4, 5

Aufg. 376	freundlicher und wertschätzender Umgang miteinander, keine Gespräche über abwesende Personen, gerechte Aufgabenverteilung, verlässliche Dienstpläne, Konflikte zeitnah und angemessen bearbeiten
Aufg. 377	anderen auch schlechte Laune zugestehen; den Mitarbeitenden signalisieren, wenn es einem nicht gut geht; bei Verhaltensänderungen nachfragen; Vertrauen nicht missbrauchen; unangenehme Gefühle ansprechen; Konflikte direkt lösen
Aufg. 378	a) 1, b) 2, c) 1, d) 2, e) 1, f) 1, g) 1, h) 1, i) 1, j) 2, k) 2, l) 2
Aufg. 379	Terminsprechstunde: Bestellsystem, offene Sprechstunde: Sprechstundensystem, halboffene Sprechstunde: Mischsysteme
Aufg. 380	3, 6
Aufg. 381	a) offene Sprechstunde b) halboffene Sprechstunde
Aufg. 382	Personaleinsatz kann besser geplant werden, kürzere Wartezeiten für die Patientinnen und Patienten, gleichmäßigere Auslastung der Praxis, Stressreduktion durch gleichmäßige Verteilung der Behandlungen auf die Arbeitswoche
Aufg. 383	5
Aufg. 384	Arbeitszeitmodelle des Personals, Anzahl der Behandlerinnen und Behandler, Anzahl der Patientinnen und Patienten, Anzahl der Behandlungsräume, Urlaub, Krankheit, Berufsschulzeiten, Mutterschutz
Aufg. 385	Jobrotation: systematischer Arbeitsplatz- oder Aufgabenwechsel innerhalb des Betriebs. Jeder kann jeden Arbeitsplatz besetzen. Spezialisierung: fester Arbeitsplatz. Wechsel auf einen anderen Arbeitsplatz schwer möglich.
Aufg. 386	Ausbildungsvertrag, Arbeitsvertrag, Jugendarbeitsschutzgesetz (JArbSchG), Bundesurlaubsgesetz (BurlG), Manteltarifvertrag
Aufg. 387	1, 4, 5, 6
Aufg. 388	mindestens 14 Tage am Stück, mindestens 24 Werktage Urlaub, Resturlaub bis 31.03. des Folgejahres

4. Qualitätsmanagement(QM)

Aufg. 389	Qualitätsverbesserung, ständige Weiterbildung, immer auf dem aktuellen Stand
Aufg. 390	1, 3, 5
Aufg. 391	Ziele, Vision der Praxis, Überzeugungen, Werte der Praxis
Aufg. 392	Orientierungshilfe für das Verhalten der Mitarbeiter
Aufg. 393	zuständige KZV in Stichproben, Gewerbeaufsichtsamt
Aufg. 394	ja
Aufg. 395	4
Aufg. 396	Mindestanforderungen sind durch den Gemeinsamen Bundesausschuss (G-BA) definiert.
Aufg. 397	nein
Aufg. 398	Checklisten, Fehlermanagement, Notfallmanagement
Aufg. 399	a) 1, b) 2, c) 2, d) 1
Aufg. 400	Strukturqualität, Prozessqualität, Ergebnisqualität
Aufg. 401	a) 2, b) 2, c) 3, d) 2, e) 1
Aufg. 402	P = Plan: To-do-Liste anfertigen, ungeordnete Aufzählung von Tätigkeiten und Zielen erstellen D = Do: geplante Maßnahmen durchführen C = Check: Auswirkungen überprüfen A = Act: bei Erfolg neuen Praxisablauf als Standard festlegen; bei Nichterreichen der Ziele nachbessern, Zyklus neu beginnen
Aufg. 403	möglichst einmal jährlich
Aufg. 404	3
Aufg. 405	1
Aufg. 406	Praxisinhaber
Aufg. 407	3
Aufg. 408	in der Stellenbeschreibung
Aufg. 409	2, 3
Aufg. 410	Ja, da nach abgeschlossener Ausbildung bestimmte Arbeiten selbstständig durchgeführt werden dürfen.
Aufg. 411	innerhalb: Rezeption – Behandlungszimmer, Röntgenzimmer – Behandlungszimmer außerhalb: Techniker, Überweiser

Aufg. 412	Im Schnittstellenmanagement sind die jeweiligen Hausärztinnen und -ärzte der Patientinnen und Patienten hinterlegt. Dort kann in solchen Fällen angerufen werden.
Aufg. 413	Die Mitarbeiterin hätte den Bericht sofort einscannen und im Behandlungsblatt bzw. der Karteikarte dokumentieren müssen.
Aufg. 414	Checkliste, Arbeitsanweisung, Verfahrensanweisung, Flussdiagramm
Aufg. 415	3, 4, 1, 2, 5
Aufg. 416	2, 3
Aufg. 417	Abläufe werden bildhaft dargestellt.
Aufg. 418	Nein, jeder sollte die Möglichkeit auf Weiterbildung haben. Um auf dem aktuellen Stand zu bleiben, sind Fortbildungen sogar sehr wichtig. Eine Verpflichtung für Fortbildungen gibt es nicht. Wird man vom Praxisinhaber oder von der Praxisinhaberin auf eine Fortbildung geschickt, übernimmt er bzw. sie in der Regel die Kosten. Ist eine Fortbildung freiwillig, nicht sinnvoll oder nicht im Einsatzgebiet der Mitarbeiterin oder des Mitarbeiters, müssen die Kosten ggf. auch privat getragen werden.
Aufg. 419	Nein, da es sich um einen ganz anderen Bereich handelt.
Aufg. 420	3, 4
Aufg. 421	Mitarbeiterbefragung, Teambesprechung
Aufg. 422	Gehaltserhöhung, zusätzliche Urlaubstage, regelmäßige Fortbildungen, geregelte Arbeitszeiten
Aufg. 423	mindestens zweimal im Jahr
Aufg. 424	Durchführung einer Patientenbefragung
Aufg. 425	Wie zufrieden sind Sie mit der Wartezeit auf Termine? Müssen Sie an Ihrem Termin lange im Wartezimmer warten? Fühlen Sie sich in der Praxis wohl?
Aufg. 426	3, 4, 5
Aufg. 427	Weil mit diesen Angaben ermittelt werden kann, wie sich der Patientenstamm der Praxis zusammensetzt: (Einzugsgebiet, Altersklasse etc.)
Aufg. 428	2
Aufg. 429	3

Aufg. 430	Patienten beruhigen und ruhig mit ihm sprechen, von der Rezeption in ein freies Zimmer wechseln
Aufg. 431	Fehlervermeidung, hohe Patientenzufriedenheit, optimale Arbeitsabläufe
Aufg. 432	Informationen werden bei Bedarf persönlich/individuell auf den Patienten abgestimmt. Im Wartezimmer ist eine Übersicht über das Behandlungsspektrum ausreichend.
Aufg. 433	Informationen sollten nicht einfach übernommen werden, sondern geprüft und auf das Angebot der jeweiligen Praxis angepasst sein.
Aufg. 434	3
Aufg. 435	2
Aufg. 436	a) r, b) r, c) f, d) r, e) f
Aufg. 437	2
Aufg. 438	Durchführung regelmäßiger Schulungen für Notfälle; jede Person muss wissen, wo in der Praxis die entsprechenden Hilfsmittel zu finden sind.
Aufg. 439	2
Aufg. 440	Hygieneleitfaden, Infektionsschutzgesetz, Biostoffverordnung
Aufg. 441	im Hygieneplan
Aufg. 442	1, 3
Aufg. 443	1, 2
Aufg. 444	um Kontraindikationen mit anderen Medikamenten auszuschließen
Aufg. 445	Entstehung von Schmerzen vorbeugen, Schmerzen reduzieren bzw. vermeiden
Aufg. 446	tägliche „Puffertermine“ für Schmerzpatienten freihalten
Aufg. 447	3
Aufg. 448	1, 2
Aufg. 449	Teppichkanten, Türschwellen
Aufg. 450	Durchführung der entsprechenden Arbeitsschutzmaßnahmen: regelmäßige Überprüfung von Leitern und Tritten
Aufg. 451	Glatteis im Eingangsbereich, Rutschgefahr durch Wasser auf dem Boden
Aufg. 452	im QM-Handbuch, digital oder analog

Aufg. 453	2
Aufg. 454	2
Aufg. 455	2
Aufg. 456	Werbung für die Praxis, Sichtbarkeit für die Patientinnen und Patienten
Aufg. 457	drei Jahre
Aufg. 458	Aushang im Wartezimmer. Das Zertifikat wirkt für die Praxis positiv, Die Patientinnen und Patienten erkennen, dass die Praxis immer auf dem aktuellen Stand ist.

5. Schriftgutbearbeitung

Aufg. 459	Standardbrief, Kompaktbrief, Großbrief, Maxibrief
Aufg. 460	a) 2, b) 1, c) 3, d) 5, e) 4
Aufg. 461	Angehörige von Empfängern und Empfängerinnen (z. B. Ehepartner/-innen) Angestellte von Empfängern und Empfängerinnen Vermieter/-innen oder Inhaber/-innen der Wohnung oder des Geschäftsraumes von Empfängern und Empfängerinnen
Aufg. 462	3
Aufg. 463	a) 3, b) 2, c) 4, d) 6, e) 8, f) 1, g) 5, h) 7
Aufg. 464	2, 3, 4, 5
Aufg. 465	6, 3, 9, 7, 4, 2, 5, 8, 1
Aufg. 466	1 Gesetzeswert, 2 Prüfwert, 3 Dauerwert, 4 Tageswert, 5 Dauerwert, 6 Prüfwert
Aufg. 467	a) 3, b) 6, c) 1, d) 7, e) 2, f) 4, g) 5
Aufg. 468	liegend (z. B. Schnellhefter, Mappen), stehend (z. B. Ordner), hängend (z. B. Hängeregister), elektronisch/ digital (PC)

C Prüfungsbereich 4: Organisieren der Verwaltungsprozesse und Abrechnen von Leistungen

C2 Leistungsabrechnung

6. Gesetzlich Krankenversicherte (GKV)

Aufg. 469	BEMA: Bewertungsmaßstab
Aufg. 470	konservierend-chirurgisch, Kieferbruchbehandlungen, kieferorthopädische Behandlungen, Parodontalbehandlungen, Zahnersatz
Aufg. 471	KCH – 1, PA – 4, KBR – 2, ZE – 5, KFO – 3
Aufg. 472	ausreichend, zweckmäßig, wirtschaftlich
Aufg. 473	1
Aufg. 474	im SGB V (Sozialgesetzbuch Nummer 5)
Aufg. 475	KCH: 2, KFO: 2, PA: 1, KB: 1, ZE: 1
Aufg. 476	KZV
Aufg. 477	gültige Versicherungskarte
Aufg. 478	6, 2, 1, 7, 3, 4, 5
Aufg. 479	1, 3, 6
Aufg. 480	4, 7, 8, 9, 5, 1, 2, 3, 10, 6
Aufg. 481	bei einer Regelversorgung und im Härtefall
Aufg. 482	Versorgungsart bleibt gleich, nur die Art der Ausführung ändert sich.
Aufg. 483	(1) R, (2) TP, (3) B
Aufg. 484	abhängig von den regelmäßigen Besuchen der Patientinnen und Patienten in der ZAP: 60 % bei unregelmäßigen Besuchen, 70 % bei mehr als fünf Jahren regelmäßigen Besuchen, 75 % bei mehr als 10 Jahren regelmäßigen Besuchen
Aufg. 485	FZ 1.4 und 1.5 für den konfektionierten bzw. gegossenen Stiftaufbau
Aufg. 486	1, 2, 4
Aufg. 487	2, 3

Aufg. 488	Der Heil- und Kostenplan ist ab dem Genehmigungsdatum sechs Monate gültig. In diesen Zeitraum muss die Arbeit dann eingegliedert sein.
Aufg. 489	3
Aufg. 490	GOZ
Aufg. 491	Zeitaufwand, Schwierigkeit
Aufg. 492	Es muss eine individuelle Begründung angegeben werden.
Aufg. 493	Röntgen: 1,8; Zuschlag: 1,0
Aufg. 494	4, 3, 1, 5, 2
Aufg. 495	a) 1, b) 2, c) 3, d) 4, e) 3, f) 2, g) 4, h) 3, i) 2, j) 1

7. Vertragsbeziehung zum Dentallabor

Aufg. 496	Fremdlabor, Eigenlabor
Aufg. 497	technische Ausstattung, Platz, Fachkräfte (Zahntechnikerinnen und -techniker)
Aufg. 498	2, 4
Aufg. 499	Durch die Digitalisierung ist ein direkter Kontakt nicht mehr unbedingt nötig.
Aufg. 500	1, 4, 5, 3, 2
Aufg. 501	Name, Versicherungsart (privat oder gesetzlich), XML-Nummer
Aufg. 502	Art der Arbeit, Zahnfarbe, Eingliederungsdatum, Material
Aufg. 503	3, 4
Aufg. 504	Erstellen einer Eigenlaborrechnung – ist in der Gesamtrechnung ebenfalls enthalten.
Aufg. 505	Sie benötigen vom Zahntechniker eine XML-Datei.
Aufg. 506	Privatpatienten: BEB, Kassenpatienten: BEL
Aufg. 507	Ja, bei gleichartigen oder andersartigen Versorgungen können/müssen Leistungen aus der BEB verwendet werden, da diese nicht in der BEL enthalten sind.
Aufg. 508	4
Aufg. 509	1, 3, 6

D Prüfungsbereich 5: Wirtschafts- und Sozialkunde

1. Gesundheitswesen

Aufg. 510	1, 3, 5
Aufg. 511	2, 3, 5
Aufg. 512	a) 2, b) 3, c) 1
Aufg. 513	a) 3, b) 1, c) 2
Aufg. 514	2
Aufg. 515	1, 3, 5
Aufg. 516	quartärer Sektor
Aufg. 517	Wirtschaftlichkeit, Patientenzufriedenheit, Mitarbeiterzufriedenheit, hohe Leistungsqualität, Behandlung von Zahnkrankheiten, Heilung
Aufg. 518	a) 2, b) 3, c) 1
Aufg. 519	→ Sponsoring → Flyer, Broschüren, Informationsplakate → Erweiterung des Leistungsangebotes → Erweiterung der Sprechzeiten → ...
Aufg. 520	→ höherer Bekanntheitsgrad → Imageaspekte → Erhöhung Umsatz/Gewinn → Bindung der Patienten/Patientinnen → ...
Aufg. 521	→ Wird die Zielgruppe/der Patientenkreis erreicht? → rechtliche Vorschriften/Werberegeln → Kostenaspekt der Maßnahmen/Wirtschaftlichkeit → ...
Aufg. 522	→ Fragebogen für Patienten/Patientinnen → Direkte Befragung der Patienten/Patientinnen → Erhöhung Patientenzahl → Erhöhung des Gewinns → ...

2. Arbeitsschutz

Aufg. 523	Durch das JArbSchG wird die besondere Situation von Jugendlichen berücksichtigt, die noch in ihrer geistigen und körperlichen Entwicklung stehen und eines besonderen Schutzes bedürfen. So sollen Minderjährige vor Arbeiten geschützt werden, die ihre physische und psychische Gesundheit gefährden.
Aufg. 524	→ Arbeitszeit → Ruhepausen → Schichtzeit → ärztliche Untersuchung → ...
Aufg. 525	2, 5
Aufg. 526	2, 4
Aufg. 527	2, 5
Aufg. 528	3, 6
Aufg. 529	1, 3, 5

3. Soziale Sicherung

Aufg. 530	1, 3, 5, 6
Aufg. 531	4
Aufg. 532	1, 5
Aufg. 533	4
Aufg. 534	2
Aufg. 535	1, 3, 4
Aufg. 536	1, 2, 6
Aufg. 537	2, 4
Aufg. 538	Sozialgericht
Aufg. 539	2, 5

4. Berufliche Perspektive

Aufg. 540	2, 3, 5, 6
Aufg. 541	Vertragspartner/-innen, Beginn, Tätigkeit, Probezeit, Arbeitszeit, Urlaub ...
Aufg. 542	2, 5

5. Entlohnung

Aufg. 543	4
Aufg. 544	3
Aufg. 545	Barzahlung, halbbare Zahlung, bargeldlose Zahlung

6. Zahlungsverkehr und Finanzierung

Aufg. 546

a)

Quittung	Netto EUR, Cent	75,63
Nr.	+ % MwSt.	14,37
	Gesamt EUR, Cent	90,00

EUR in Worten neunzig

Von Marga Homer

Für professionelle Zahnreinigung

Ort Musterort Datum 09.09.20XX

Buchungsvermerke Stempel/Unterschrift

b) Bestandteile: Betrag in Worten, Grund der Zahlung, Name des Zahlers, Empfangsbestätigung, Ort, Datum, Unterschrift des Empfängers, Rechnungsbetrag

Aufg. 547

SEPA-Überweisung, SEPA-Dauerauftrag, SEPA-Lastschriftverfahren, Verrechnungsscheck, Bankkarten, Kreditkarten, Onlinebanking, Bezahlung per Smartphone

7. Rechtliche Grundlagen

Aufg. 548	Rechtsobjekte: Sachen, Rechte, Eigentum und Besitz Rechtssubjekte: natürliche und juristische Personen, Rechtsfähigkeit, Geschäftsfähigkeit
Aufg. 549	2, 4
Aufg. 550	4, 5
Aufg. 551	1, 4, 6
Aufg. 552	a) 4, b) 5, c) 6, d) 3, e) 1, f) 7, g) 8, h) 2
Aufg. 553	4
Aufg. 554	4, 5
Aufg. 555	1, 4
Aufg. 556	5
Aufg. 557	3, 6
Aufg. 558	3, 4
Aufg. 559	3
Aufg. 560	2, 3, 5
Aufg. 561	Auszubildende: Arbeitspflicht, Berichtsheftführung, Berufsschulpflicht, Einhaltung der Betriebsordnung, Schweigepflicht, Lernpflicht ... Ausbildende: Ausbildungspflicht, Ausbildungsmittel kostenlos zur Verfügung stellen, Bezahlung, Fürsorgepflicht, Urlaubsgewährung, zum Besuch der Berufsschule freistellen
Aufg. 562	4, 3 (nur bei Auszubildenden)
Aufg. 563	1–4
Aufg. 564	2
Aufg. 565	a) 2, b) 1
Aufg. 566	1, 2
Aufg. 567	3
Aufg. 568	5
Aufg. 569	4
Aufg. 570	1–4
Aufg. 571	Angaben über: Art und Beschaffenheit der Ware, Menge, Preis pro Einheit, Liefer- und Zahlungsbedingungen, Erfüllungsort und Gerichtsstand

Aufg. 572	(3) 222,00 € (1 480 * 15 / 100)
Aufg. 573	(2) 44,03 € (1 761,20 * 2,5 / 100)
Aufg. 574	455,25 € (429,00 – 64,35 = 364,65 + 69,28 = 433,93 – 8,68 = 425,25 + 30,00 = 455,25)
Aufg. 575	1, 2, 4
Aufg. 576	1, 3, 5
Aufg. 577	2
Aufg. 578	4 (Endpreis der Ware, d. h. einschließlich aller Steuern, Liefer- und Versandkosten sowie sonstiger zusätzlicher Kosten)
Aufg. 579	(1) Käufer, Bedarf (2) fest (fix) (3)/ (4) bei der Übergabe der Ware (5) zu einem späteren Zeitpunkt, z. B. „Ziel 30 Tage“ (6) in Teilbeträgen (7)/ (8)/ (9) Privatleute (10) Kaufmann, Privatperson (11) Kaufleute (12) Rückgaberecht (13) / (14) /
Aufg. 580	1, 3
Aufg. 581	(1) Verzug ab Fälligkeitstag (2) automatisch 30 Tage nach Rechnungszugang (3) Verzug mit Fristablauf

Aufg. 582	(1) = Zuweniglieferung (2) = Falschlieferung (Mangel in der Art) (3) = falsche Werbeaussage (4) = Mangel in der Beschaffenheit (5) = Montagefehler (6) = falsche Montageanleitung (7) = Rechtsmangel
Aufg. 583	(1) offene Mängel (2) versteckte Mängel (3) arglistig verschwiegene Mängel
Aufg. 584	(1) Nachbesserung (Reparatur) oder (2) Neulieferung der Ware
Aufg. 585	(1) Minderung des Kaufpreises (2) Rücktritt vom Kaufvertrag (3) Schadenersatz, ggf. Ersatz vergeblicher Aufwendungen
Aufg. 586	(1) Fälligkeit (2) Mahnung (Ausnahme: Fixtermin) (3) Verschulden
Aufg. 587	(1) Erfüllung des Kaufvertrages (2) Rücktritt vom Kaufvertrag nach Ablauf einer Nachfrist (3) ggf. Schadenersatz
Aufg. 588	Das erste Mahnschreiben (Zahlungserinnerung) ... → ist freundlicher formuliert. → gewährt dem Schuldner eine längere Zahlungsfrist. → enthält keine Mahngebühren und keine Verzugszinsen. → enthält keine Androhung rechtlicher Schritte.
Aufg. 589	Antrag auf Erlass eines Mahnbescheides stellen oder den Anspruch in einem Klageverfahren durchsetzen.
Aufg. 590	Die Verjährung einer Forderung aus dem Behandlungsvertrag beträgt drei Jahre. Sie beginnt am Ende des Entstehungsjahres (31.12...) und endet nach drei Jahren am 31.12...

8. Vertragsarten

Aufg. 591	3, 5
Aufg. 592	1
Aufg. 593	2, 4
Aufg. 594	1, 5, 6
Aufg. 595	4
Aufg. 596	3, 5

Bildquellenverzeichnis

Brauner, Angelika, Hohenpeißenberg: 86.1, 178.1.
Getty Images (RF), München: mikimad 1.1.
Mair, Jörg, München: 90.1.
stock.adobe.com, Dublin: nsdpower 1.2; Trendsetter Images Titel, Titel, Titel.

Sachwortverzeichnis